班级成长的隐形力量

郭德利　著

中国海洋大学出版社

·青岛·

图书在版编目（CIP）数据

班级成长的隐形力量/郭德利著. —青岛：中国
海洋大学出版社，2021.6
ISBN 978-7-5670-2849-4

Ⅰ.①班… Ⅱ.①郭… Ⅲ.①班主任工
作 Ⅳ.①G451.6

中国版本图书馆CIP数据核字（2021）第117018号

出版发行	中国海洋大学出版社			
社　　址	青岛市香港东路23号		**邮政编码**	266071
网　　址	http://pub.ouc.edu.cn			
出 版 人	杨立敏			
责任编辑	王　晓		**电　　话**	0532-85901092
电子信箱	oucpublishwx@163.com			
印　　制	青岛国彩印刷股份有限公司			
版　　次	2021年7月第1版			
印　　次	2021年7月第1次印刷			
成品尺寸	170 mm×240 mm			
印　　张	13.5			
字　　数	300千			
印　　数	1～1000			
定　　价	59.60元			
订购电话	0532-82032573（传真）			

发现印装质量问题，请致电0532-58700168，由印刷厂负责调换。

我从事班主任工作二十余年以来，从魏书生先生的《科学管理班集体》到李镇西先生的《做最好的班主任》，从王怀玉先生的《从班级到成长共同体》到陈宇先生的《班主任工作思维导图》，在百万字的阅读学习中寻找着班级发展的生长点，探究班级成长的力量。也因为工作的需要，我在各种各样的学校工作过，既体验过城市学校生活的丰富与多彩，也感受过农村学校生活的简单与淳朴。

长期的教育教学实践帮助我在与广大一线优秀班主任的交流学习过程中，积累经验，反思感悟，在实践工作中提升水平，形成特色。从区名班主任、市优秀班主任、市十佳班主任，再到市级名班主任工作室主持人，我获得了更多与一线德育干部、一线班主任学习交流的机会。也正是在这些交流中，我常常扪心自问：班级建设目标是什么？班级建设的核心工作是什么？如何构建和谐向上的班级生态系统？推动一个班级积极向上的力量又是来自哪里？

班主任对于一个学校、一个班级的重要性不言而喻，他们是学校的中坚力量，被认为是骨干教师中的骨干，无论是身份认同还是薪酬待遇，应该说是在逐年提高的。但是，一线班主任的职业倦怠感也是教师群体中相对较高的。班主任工作的力量源泉在哪里？如何实现班主任工作从"忙而无效"到"忙而有效"？如何使班主任"优雅、从容、有效"地工作？

从两张A4纸大小的《班规班法》到50页的《班级常规手册》，从五万余字的《班级手册》再到这本《班级成长的隐形力量》班主任工作专著，我一直走在追求"建设班级绿色生态，解放自己，解放学生"的路上，一直走在研究"文化建班，规则治班，两惯教育，有章可循"的路上，一直走在落实"三全教育，五育共举"的路上。

"学有道，学有法，学有效。"本书主要通过"科学管理、人本关爱、文化自觉、学生学习力提升"四个相互关联、相辅相成的板块，阐述班级文化和组织建设有效开展的意义，聚焦班级文化建设和组织建设的内容、方法和实践操作，聚焦学生意识、习惯养成和能力提升，助力广大班主任形成科学性、系统性强的班级经营策略，给班主任工作的有序开展提供参考，也为班主任在学生习惯培养方面提供支持。

目 录 CONTENTS

第一篇

班级科学管理

第一章

班级科学管理概述

班主任的核心工作是做好个体发展教育，但更为重要的是带领一群人进步、发展。在团队建设方面的思考不够，思维和方法的专业化发展水平不够，只凭爱心和勤奋已经不能满足班主任工作的需求。也就是说，班主任没有掌握方法，对班主任工作的感性认识强于理性分析，缺少系统性的思考和相关方法论的研究，就会在实践工作中无法迈上班级可发展的第一阶段——班级的科学管理。

一、基本含义

科学管理属于管理科学的一种思维与方法，又被称为"全面质量管理循环"。将体系化的科学管理方法运用到班级管理中，以达到管理目标，就是"科学管理班集体"，其主要以"岗位"的形式出现。其优点是实用，组织效果快而强，尤其有利于通过组织、分工等手段，以团队合作的方式实现比较高效的投入与产出，推动班级的整体进步。

二、基本特点

概括起来有以下六个基本特点：

（1）因需设岗；

（2）岗位到人；

（3）职责明确；

（4）应责培训；

（5）强化检查、监察；

（6）评价提升质量。

以"岗位"引领的班级科学管理，思路清晰，目标明确，有利于班主任抓住管理主线。严格按照流程六环节进行闭合管理，管理质量就会得到基本保证。而在六个环节中的具体做法也可以由班主任自行发挥，便于在了解班情、学情的前提下，有的放矢地开展管理工作。同时，由于目标明确，也利于班主任学习使用先进班级的现有做法，取长补短。

三、基本内容

英语语言教学中，教师经常从"5W1H"六个方面引导学生积极思维、作为他们组织语言结构与内容的抓手。班级科学管理的基本内容也可以从这六方面加以考虑。

"5W"，即What, Who, When, Where, Why；"1H"，即How。

What，班级要管什么？明确管理内容，该抓该管的一丝不苟，常抓不懈；不该过问的，要严守律法制度，不越雷池半步。学校、班级、个人、家庭各方管理内容交织的地方，更要加强交流联系，明确管理内容，划清职权范围。只有合适有度的管理，才能维护班级的正常运行，保证各方的合作，保护各方的利益，促进学生个体与班级整体的健康发展。

Who，班级具体事务由谁来管理？是班主任亲力亲为？是班主任信任学生，制定标准，选用贤能，放手学生让其独当一面？还是师生合作，明确责权与义务，形成互补与合力？针对不同的管理内容，班主任要有通盘考虑与整体规划。

When，什么时候应培养学生的自律意识？什么时候通过自主管理，培养学生自尊、自爱、自立、自理、自强、自知、自行的精神？这一定是一个智慧型班主任着重考虑的问题。因为班级管理的成功，一定表现为学生自主管理能力的提升。但因不同学段的学生身心发展的水平不同，意识培养、习惯养成的水平参差不齐。没有适当的管理，不利于秩序的正常建立，无法为学生的安全、健康、发展提供合适的软硬件环境。所以，这还是个管理的"度"的问题，也就是班级事务的时间责任分配问题。一方面，表现为在关键时间节点上，班级岗位负责人是否能及时履行岗位职责，维护班级正常运行秩序，维护大多数人的自由、安全和正常生活、学习的权利；另一方面，表现为在习惯意识的养成过程中，班级岗位责任人是否能坚持履行岗位责任，维护班级制度，执行班级评价，推动班级成员良好行为习惯与学习习惯的养成与实践。

Where，即班级事务的空间管理。特别表现在班级卫生保洁和公物管理方面。

Why，班级事务的各项规章制度、流程方法建立的理论基础是什么？目的目标是什么？学生自我管理、自我教育、自我评价、自我成长为什么要与团队组织的建立与完善结合在一起统筹考虑？班级的组织与发展为什么要从制度管理升级到人本管理并最终落实到班级文化管理的核心力量上？比较众多优秀的班主任成长案例，我们不难发现，一个班主任在其成长、成功、卓越并形成自身品牌的过程中，一定不是靠心血来潮来组织班级管理的方方面面的。成功的班级经营一定是班主任老师精心谋划，谋而后动，将理论与班级实际相结合，大局原则与个案的灵活妥善处置相结合的智慧的产物；一定是班主任老师在一系列自问"为什么"的前提下，凝聚各方理论、经验并用于实践的自我成长与完善的产物；一定是班主任老师自身尽力与虚心借力相结合，自觉遵循"教育教学"规律，不懈追求教育"大道"并形成自身教育思想的产物。

How，最后也是最重要的一方面是方法，也就是怎么管理。是"人治"，还是"法治"？是刚性的制度管理，还是以制度为基础，充分体现人本精神、人文关怀的人本管理，抑或将德育资源、时代力量、榜样精神、文化基因融入班级管理之中，结合班级的实际发展状况，从学生的实际需要、思想需求出发，开展创新型的班级文化建设，以文化的力量推动学生思想意识的发展、价值观的树立、习惯的养成、行为的转变，并带动班级整体管理水平的提升？

班级的科学管理内容主要包括日常事务管理（每学期、每月、每周、每日）及班级岗位管理、活动秩序管理、班级资料管理等。

例如，每日常规事务管理，见表1-1-1。

表1-1-1 每日常规事务管理项目表

项目	内容与依据	岗位流程		
作业	作业通知、解释	科代表		
	交作业流程	个人	组长	科代表
	作业记录	科代表	科任老师	班主任

续表

项目	内容与依据	岗位流程		
晨读	内容公示	科代表	科任老师	班主任
	三入要求	个人	团组长	班主任
	时间控制	个人	团组长	班主任
	评价反馈	团组长	科代表	班主任
出勤，守时	考勤规定	团组长	团队评价	

例如，班级岗位管理，见表1-1-2。

表1-1-2 班级岗位管理项目表

项目	内容与依据	岗位流程		
请假	请假流程	班主任		
诚实守信	班级制度、岗位职责	团组长	班主任	
集会规范	班级制度，岗位职责	团组长	班主任	
雅言雅兴	班级制度，岗位职责	团组长	班主任	
仪容仪表	班级制度，岗位职责	团组长	班主任	
秩序守纪	班级制度，岗位职责	团组长	班主任	
安全意识	班级制度，岗位职责	团组长	班主任	
团队意识	班级制度，岗位职责	团组长	班主任	
卫生素养	班级制度，岗位职责	团组长	班主任	
劳动实践	班级制度，岗位职责	卫生委员	班主任	
爱护眼睛	班级制度，岗位职责	卫生委员	班主任	
公物爱护	班级制度，岗位职责	公物委员	班主任	
运动健身	班级制度，岗位职责	团组长	体育委员	班主任
物品打理	班级制度，岗位职责	生活委员	团组长	班主任
岗位职责	班级制度，岗位职责	监察委员	班主任	
宣传工作	宣传委员	墙报	承办人	
		海报、手抄报	承办人	
		其他	相关承办人	
班级经费	管理制度	记账、保管	生活委员	
班级群管理	管理员	班主任		
学习态度	班级制度，岗位职责	科代表	科任老师	班主任
课前准备	班级制度，岗位职责	科代表	科任老师	班主任

续表

项目	内容与依据	岗位流程		
高效听讲	班级制度，岗位职责	科代表	科任老师	班主任
有效笔记	班级制度，岗位职责	科代表	科任老师	班主任
课堂参与	班级制度，岗位职责	科代表	科任老师	班主任
班级日志	值日班长			
团队的故事	团组长			
学分管理	学分规则	常规表现 学习成绩 岗位工作 活动表现 奖励加分	团组长，学习班长，监察委员，行政班长	班主任

例如，班级奖励管理，见表1-1-3。

表1-1-3　班级奖励管理项目表

奖励加分	公益活动	团组长，行政班长	班主任
	活动贡献	团组长，行政班长	班主任
	自律自控	团组长，行政班长	班主任
	时间达人	团组长，学习班长	
	科代表，科任老师	班主任	
	互助互学	团组长，学习班长	
	科代表，科任老师	班主任	
	阅读习惯	团组长，学习班长	
奖励加分	科代表，科任老师	班主任	
	练字	科代表，科任老师	班主任
	集卷、集题	科代表，科任老师	班主任
	要点积累	科代表，科任老师	班主任
	学习扩展	科代表，科任老师	班主任
	其他	责任人	班主任

四、基本流程环节

因为学校班级管理的对象有其自身的年龄特点和心理特点，所以班级岗位管理的基本流程也相应有所增加，基本包括计划与准备、组织与组建、标准与培训、流程与检查、评价与反馈五个环节。

第二章

班级岗位管理的计划与准备

　　如三国时期蜀国的丞相诸葛亮一般，即使能力再强，但事无巨细皆亲力亲为，一一过问、一一安排，一样会有纰漏。蜀国虽然在诸葛丞相的管理下井然有序，但这种大事小事皆由一人包揽、一人决断的管理模式，导致了两个直接的恶果。一是常年的劳碌累垮了诸葛亮，造成年仅54岁的他早早陨落于五丈原，使蜀汉政权失去了中流砥柱，落于风雨飘摇的被动局面；二是诸葛丞相大权独揽，阻碍了身边人才的涌现和成长，造成"蜀国无大将，廖化充先锋"的困境。蜀国大业后继无人，苦苦支撑之后，终究逃不过国灭的下场。

　　班主任扮演着"大家庭家长"角色的班级，其优势在于班主任的责任心、投入度高，班级的凝聚力能够很快产生，各项工作开展的效率显著提升。班级在表面上秩序井然，纪律严明。其缺点是学生只是被动地接受管理，唯班主任的命令是从，不敢越雷池一步。这种班级管理模式下，班主任剥夺了学生处理问题和应对各种情况的机会，以至于让学生失去了自我体验的机会，失去了自我管理的能力，从而极大地挫伤了学生的积极性、主动性。学生会逐渐产生一种情绪："既然班主任说什么是什么，我们何必要思考呢？"久而久之，他们就提不起参与班级管理的兴趣和热情，缺少了作为班级主人公的责任感，对与己无关的班级事务显出漠不关心的态度。

　　班级岗位管理的计划准备应考虑以下三个方面。

　　1.深入了解班情、学情

　　班主任要对班级学生的个性特点、心理特点、特长与优势、缺点与不足，尤其是对每名学生的潜在增长点要有清楚的了解。究其原因，班级的主体是学生，学生意识、能力的提高才是班级成长的力量来源。班级岗位管理的重要作用就是在具体事务的实践中，激发学生的责任意识，从守时、守信、雅言雅兴、自律等方面培养学生良好的行为习惯和学习习惯，进而影响学生的思想和价值观。

2. 理清班级的常规任务、突出问题

初高、初小不同学段的学期常规、一周常规、一日常规虽然在某些方面有所不同，但共性的地方更多些。班主任要理顺常规工作的内容、流程和要求，分清哪些工作必须由班主任亲力亲为，哪些工作可以通过岗位设置，由学生承担。尤其是对能够促进学生树立意识、培养习惯、锻炼能力、提升素养的活动任务，班主任一定要持开放的态度，秉持"放开"的做法。例如，学期常规工作中要求检测考试结束后，对本班的学习状况进行分析总结，肯定成绩，反思不足，以便后期改进工作。这项工作可以由科代表带领班级学科中心组承担下来，收集原始数据，计算升降比率，结合团组个人学习规约，分析导致学习成绩升降的团队因素和个人因素，汇总学习难题等，作为班级学情的第一手资料，提供给班主任和学科教师，以形成更加完善的学情分析，构建更加完善的教育教学规划。

由于每周常规工作和每日常规工作内容更具体，可操作性和可评价性更明显，班主任更可以放手给班级岗位负责人、班级团队等来承担。例如，班级每周常规工作，见表1-2-1。

表1-2-1　班级每周常规工作项目表

周期	内容要求	负责人	评价方式
每周	统一着装，守时守纪，人人参加升旗仪式	团队行政班长 文明秩序部	团队合作评价 个人常规评价 学分管理
	依据班级卫生岗位责任制，组织学生做好周五卫生大扫除，接受学校检查	卫生部	团队合作评价 个人常规评价 学分管理

周期	内容要求	负责人	评价方式
每周	召开岗位负责人会议，完成班级岗位工作小结，肯定成绩，找出不足，结合本班发展实际，制订当周本班级工作重点，商讨工作路径。积极参加学校对班级的常规考核	值周班长	班级周记 团队合作评价 个人常规评价 学分管理
	关注学困生的学习生活，找出存在的问题，发现他们的闪光点，勉励他们努力学习	团队学习班长	个人常规评价 学分管理

例如，班级每日常规工作，见表1-2-2。

表1-2-2　班级每日常规工作项目表

周期	内容要求	负责人	评价方式
每日	守时：按时到校，按时进教室，不迟到	团组长	团队合作评价 个人常规评价 学分管理
	自修自律：自修时间，入门即静，入门即坐，入座即学	文明秩序部 学习部	
	做好课前准备工作，静待教师上课	科代表	
	上课勤动脑、动口、动手，积极参与	科代表	
	善于整理笔记，善于积累，善用思维导图；坚持每日自我总结	学习部	
	右行礼让，举止文明，仪容仪表得体	文明秩序部	
	文明就餐，量力而行，厉行节约		
	体育活动人人参加，积极锻炼	活动部	
	讲卫生，有良好的个人卫生素养和公共卫生素养。衣着干净；垃圾分类，正确丢弃	内务部	
	卫生定人定时，每天早中晚三次清扫；教室地面、桌椅整洁干净，创设良好学习生活环境	内务部	
	爱护公物，爱护身边的一草一木	内务部	

3. 承担立德树人的责任

最重要的一点，班主任应该承担起立德树人的责任，主动教育学生"系好人生的第一粒扣子"，主动承担起"为谁培养人""培养什么人"的重任。班主任应以制度建设、组织建设、文化建设为抓手，关注每个学生的需要和成长，激发学生的意识，丰富学生的认知，引导学生的行为，养成学生的习惯，凝聚学生的思想和价值观。这正是班级成长真正的力量源泉，班级的成长一定来自学生的成长。

第三章

班级岗位管理中的组织与组建

　　班级是学校实施教育教学工作的基本单位，也是学校心理健康工作的前沿阵地。俗话说，"人在一起叫聚会，心在一起叫团队"，班级的力量来源之一是组织，班级是有组织的团队。班主任接手一个班级，首要任务是把学生有效地组织起来，在班级岗位管理体系中，明确每一名班级成员在体系中的位置。班级管理系统中的不同管理机构，对应不同的班级事务，相应的岗位分工也会不同。但在班级岗位管理工作中，应该允许同一名学生承担多个管理机构中的不同职务，允许他们在不同的岗位上承担责任，发挥作用。越是个性强、能力强的学生，越是应该充分信任他们，支持他们在实践中锻炼自己、提升自己。

一、组建原则

　　班主任对班级岗位的组建原则，一般有四个：因责设岗、因需设岗、按人设岗、因才设岗。

　　1. 因责设岗

　　以岗位职责为导向，以定向工作内容为抓手，明确指向模块化任务群。如设置行政班长（负责文明秩序部、宣传部、内务部、活动部等）和学习班长（负责"伙伴共成长"学习团组、科代表委员会等）岗位。

因责设岗易于形成金字塔形管理结构，优点是组织结构性强，由上到下，组织成员数量依次增多，指令链清楚，管理层级数目较适中，一定程度上保证了政令统一，能提升班级管理效率。其缺点是班级管理效率高度依赖少数顶层管理责任人的个人素质，尤其是管理责任人的判断力、领导力、组织力和执行力。一旦管理系统的顶层人员或者上下级之间出现问题，就会直接导致整个组织管理系统反应效率大大下降。同时，金字塔形的组织管理结构，自然形成少数人员处于决策层和多数人员处于执行层的管理层级，决策方案如果没有充分酝酿和筹备，极易造成执行层人员的不满，打击工作积极性，降低管理效率。

2. 因需设岗

班级发展的不同阶段，不同地域、不同学校、同一所学校的不同班级的发展状况也会存在差异。所以，班主任不能盲目照搬别人的方案，要根据自己班级工作的实际需要设置岗位，先定岗，后定人。此外，班主任作为班级第一负责人，本着"实践中成长"的原则，应积极梳理班级内需专人管理的事务和物品，注重发现"小岗位"，安排岗位负责人。

工作任务的分解使班主任拥有了更多自我学习、交流、静悟、反思、改进、提升的时间，也拥有了更多参与学生活动、参与学生思想交流的时间。

更重要的是，通过这样的班级工作分工，既能使学生个体有更多的锻炼机会，引导学生在实践中激发意识、培养习惯、坚强内心、锻炼思维、树立积极向上的价值观，更能使班级中的每名成员在履行职责时，体验到班级主人翁的责任感，在收获师生的积极评价时，体验到作为班级主人的存在感、集体生活的趣味感，增强班级成员之间的依存感，增强班级的向心力，为班级文化核心建设、实现文化自觉打下基础。

3. 按人设岗

岗位是班级管理体系中的基本单位，是维持班集体运作、发展、成长的最小稳定器。魏书生先生提出的"人人有事做，事事有人做"就是要充分调动班级里的每一名成员，参与班级管理；就是要保证班级、团队内部没有"闲人"，每个成员都在"发展"的动态轨道中；就是要引导班级团队中的每一名成员把个人与班级的成长目标结合起来，协调发展，和谐发展，激发班级活力；就是要调动学校团队，班级学生团队，校外家长团队的积极性，形成教育教学合力。

　　每一名班级事务的参与者都热爱自己的班级，都会去思考怎样维护班级的荣誉，为班级增光添彩。每一名班级事务的参与者都在享受班级各项权利的同时，尽到班级成员的义务和责任。班级、团队、学习团组、个人形成"人人为我，我为人人"的成长氛围，为班级成长为老师、学生、家长"三位一体"的学习共同体、成长共同体、安全共同体，打下基础，提供支持。

　　比如，班级卫生活动由卫生部主导设计，通过六步实施，落实人人参与的按人设岗原则。以我所带某班级的每周小组值日职责表（见表1-3-1）和每周大扫除职责表为例（见表1-3-2），进行说明。

表1-3-1　每周小组值日职责表

项目 组别	室内地面兼倒垃圾	室内五窗(台)、门框、黑板框、投影架、插座开关、电视、讲桌等	门前走廊兼擦墙围	环境卫生区	总负责人
男一组	董升亮（1+2+前后）胡顺（3+4+垃圾）	曹磊	王琦乐（扫+左墙围柱）朱志勇（擦+右墙围）	李博龙、陈栋、张俊、姜帅	徐宁
男二组	张春雨（1+2+前后）李翔（3+4+垃圾）	仲磊	刘济菘（扫+左墙围柱）刘群勇（擦+右墙围）	玄凯琦、张瑞旭、宿振帅、姜响	
女一组	李晓雯（1+2）刘晓晖（3+4）翟春洁（前后+垃圾）	郑黎	周静（扫+左墙围柱）郭文（擦+右墙围）	刘蒙瑶、苏怡、刘琪、刘静、郑金玉	徐婧
女二组	刘超（1+2）洪晔（3+4）崔亚娇（前后+垃圾）	张悦	杨雪（扫+左墙围柱）周妍（擦+右墙围）	吴梦云、张圆、王小琳、张丹、贾晓梦、张妍	

表1-3-2　每周大扫除职责表

项目＼姓名	男生（负责人：徐宁）	女生（负责人：徐婧）
	室内	
扫地	董升亮（1、2组+后） 胡　顺（3、4组+前+倒垃圾）	刘　超（1、2组+后） 张　圆（3、4组+前+倒垃圾）
擦窗（台）	大窗1：朱志勇 大窗2：张　俊 大窗3：曹　磊 2小窗：王琦乐	大窗1：王小琳 大窗2：贾晓梦 大窗3：苏　饴 2小窗：张　丹
擦黑板（框）、投影仪（架）、讲桌、门、电视、国旗、插座开关、灯等	李博龙	黑板（框）、投影仪（架）、讲桌、电视、国旗、插座开关：张　悦 门、灯等：张　艳
摆放桌椅	姜帅	崔亚娇、洪　晔
	门前三包区和语音室	
扫地	仲　磊	刘蒙瑶
擦地	李　翔、张春雨	郑　莉、周　静、刘晓晖、周　妍
擦墙围	姜　响	吴梦云、郭　文
语音室	扫地+摆椅子：陈　栋 擦窗（台）：刘济崧	扫地+摆椅子：李晓雯 擦窗（台）：翟春洁
	环境卫生区	
扫地	张瑞旭、玄凯琦、刘群勇、宿振帅	刘　琪、郑金玉、杨　雪、刘　静

班级实施岗位责任制，各负其责，责任到人。

由卫生督察部长负责组织。

经班主任、男女卫生督察部长三人共同检查达标后才可结束。

第一步：由卫生部统计需要负责的卫生区域，明确标准；

第二步：划分公共卫生区域和个人卫生承包区，将大区域划分成小网格；

第三步：按人设岗，人人都是参与者；

第四步：制定规章制度，聘任检查员；

第五步：纳入团队和个人评价体系，落实学分奖惩；

第六步：卫生部活动总结，肯定成绩，树立榜样，凝聚班级氛围。

班主任在各个环节起到启发引导、补充完善、协调监督的作用。

再比如，我在班级管理中，设置了午餐管理员、教室电器管理员、运动器械主管等岗位，组织引导每个学生参与班级管理，成为身负班级权利和义务的主人，而不是旁观者。

4. 因才设岗

"天生我才必有用。"因才设岗是根据学生的兴趣、爱好、特长，为他们量身定制岗位，尤其对于那些平时不被大家注意的学生，或是那些因为生活习惯、学习习惯不好，不被同学接纳的学生。因才设岗是对这些学生的承认和赞许，是对这些学生成长的期待和肯定。这对于提升这些学生的自信心，调动他们参与班级管理各项活动的积极性，并进而全方位提高他们做事的专注度和责任感具有重大意义。同时，对这些学生的关注与承认、信任与鼓励，也向全体学生传递了班级"不放弃，不抛弃"的育人理念；传递了班级始终为每一名成员提供展示和发展自己的平台，促进每一个个体成功与班集体协调统一发展的理念；传递了每一名班级成员都是发展中的成功者，每一名成员的成功都可以与他人不同的多元成功理念。制度的制定、评价的开展，尤其是理念的树立与贯彻对于班级"绿色生态"建设、班级良性文化的发展都具有积极意义。

我的学生小超（化名）是班级中出了名的小马虎，同学们有时候就此嘲笑她。开学后的一天，她来找我，说："老师，我们家养了好多花。我跟爷爷学了很多养花的方法。您看能不能把咱们班的那些花交给我，我来负责。"我说："行啊，好好干，做咱们班的花仙子，漂漂亮亮的。"小超听后很高兴。春天的时候，班里的花招了许多虫子，她带来花药，使用后效果有限。小超就利用课间、午间的休息时间，用镊子一个个地把小虫子从花上摘下来消灭。在她的带动下，同学们也纷纷行动起来。班级里的花草长得郁郁葱葱，这离不开小超的认真和投入。在实践工作中，小超用行动改变着自己的形象。逐渐地，小超的学习成绩也在发生着积极的变化。期末的时候，小超的英语得到了79分，比前次考试提高了近20分。究其原因，最重要的是在做事中逐渐养成了认真负责的态度，认认真真地对待学习中的每个环节。

值得注意的是，在实际操作中，按需设岗和因人设岗经常是有交集的，一方面班级有需要，岗位虚位以待；另一方面有人会做，有人愿意做。

二、常见机构设置

以我所带某班级的班级管理机构为例来介绍常见机构设置，见表 1-3-3。

表1-3-3　班级管理机构项目表

常规事务管理机构	团队	金字塔形层级管理机构	行政组织体系	工作部	学习部
					文明秩序部
					内务部
					宣传部
					活动部
		扁平化管理机构	学习组织体系	学习团组	"共成长"互助组
班级制度制定机构	委员会				
班级制度执行机构	工作部				
	学习团组				
团支部（少先队中队部）	层级管理机构	工作部			组织
					宣传
					活动
					纪检
班级管理全员导师	团队首席导师	班级常规事务			
	学科组合导师	学习团组			
班级管理顾问机构	家长委员会				
	特聘顾问				
班级管理监察机构	班级岗位职责监察委员会 （班主任、班级导师、家委会代表、学生监察委员）				

三、班级常规事务管理机构——双体系团队

常见的班级的组织管理架构有金字塔形层级管理架构和扁平化组织架构，两者各有优缺点。金字塔形的优点在于结构严谨、稳定，岗位职责及分工明确，便于监督。缺点在于管理层次增加，上级与基层有距离，信息传递有不畅或者失真的隐患，权力自上而下逐渐稀释，也造成基层参与决策的程度低，智慧潜能难以挖掘和释放，间接拉低成员对团队的认同感，影响团队凝聚力。扁平化组织架构的优点在于注重授权，团队组织呈现

"两头尖，中间粗"的橄榄型结构，权力主要分布在中间层次，扩大了参与决策的人数范围，从而使决策获得成员认同感的概率增加。同时，这也增强了组织对于内外环境的变化及出现的问题应对的力量。这些都有利于激发成员的工作积极性。扁平化组织架构的缺点是组织内部可能存在协调困难的问题。随着参与决策的人数增多，偏离组织总体目标的可能性也会增加。

结合两种管理组织架构的优点，我在所带班级中，着力建设班级的"国务院"及其所属部委——学生自治委员会，构建起班级管理系统的常规架构，承担班级日常管理体系的经营与运作。

一方面是团队基础上的行政管理部门体系，包括：团队长（团队行政总理）；活动部负责艺术、体育、科技活动、社会实践等；内务部负责卫生、公物、劳动、生活等；宣传部负责宣传及班级文化建设；团队工作部由团组长协助团队长负责团队文化建设和学习力提升建设工作；文明秩序部负责纪律秩序、文明礼仪等工作。

另一方面是复合型学习团队体系，包括：团队长（团队学习总监）——团组长；学科带头人——语文带头人、理科（数理化）带头人、英语带头人、"历道法"带头人、体育带头人、"地生"带头人、美育带头人等，并由带头人牵头组建班级学科中心组和STEAM团队，聘请科任老师和有特长的学生家长担任导师。他们负责学习项目的落实与推进，学习任务的讲解、改检；负责检测、考试、竞赛、擂台赛等活动的组织与实施；负责班级学科园地建设；负责学习力勋级评定等；科代表总召集人、科代表，负责课堂组织和作业的布置、收发、反馈、评价等。

1. 以部门负责制构建班级行政管理体系

对于班级常规事务的管理机构设计，出于效率的考虑，尤其是班主任新接手的班级，大多采用金字塔形层级管理架构。

班主任一方面通过实施常规事务部门负责制和班级岗位责任制，明确每个人的工作内容和相应的工作职责，把班级繁杂的事务分摊到包括班主任在内的班级不同的部门和每个班级团队成员，实现管理工作的合理分工；另一方面班主任通过部门设置与对岗位职责的大小调整，明确层级之间的协作关系。班级中的岗位责任人要在明确自己分工的基础上，进一步明确自己在跟谁合作、对谁负责、负谁的责。

此外，班级同学承担责任即意味着要承担时间、精力等方面的损失，更要在达不到班级岗位职责要求的时候，承担被批评与惩罚的压力；同时，班级同学承担责任也意味着可以获得诸如锻炼提升自身组织协调能力、赢得同伴认可与尊重等物质方面与精神方面的回报。班主任应在教育引导和激励措施方面加大力度，树立岗位榜样，推崇"岗位无大小"的文化理念，满足班级学生的精神需求。力促每个班级成员自立自强，在实践工作中衡量付出与回报的关系并做出正确的选择，心甘情愿地承担起班级岗位工作，从而解决层级管理体系中天然带有的垂直指挥、等级分明、责任稀释的问题，以激发多数学生的责任心，从而唤醒班级同学的积极性和主动性。

班级常规事务的分工，出于两方面的考虑，将部门建设在团队之下。一是若干个相同工作范畴、相同工作职责的部门，形成部门团队的双重或多重备份，在班级常规工作承担与实施过程中互相监督、互相促进，形成良性竞争，激发学生的"竞心"，使其更加积极、主动、高效地承担责任，履行职责；二是有利于在工作中，不同团队开展合作，扩大具体岗位责任人的参与面，群策群力，相互借鉴，充分发扬民主集中的工作原则，形成常规工作开展的最佳方案，避免班级常规工作因决策失误，造成人力和物力的资源浪费。

与此同时，班主任通过学生实践工作中的挫折与成功的实例，引导和教育班级的每一名学生，积极体验、感悟合作与竞争的关系和重要性，将这种意识内化到学生心里，形成正确的竞争意识和合作意识，从而在个人的意识和行为与班级的文化和氛围之间建立起桥梁，形成互动。

在一定意义上，行政班长（团队长）依据岗位责任要求，全面负责班级常规事务的规划、组织、协调、推进、完成、评价等工作（见表1-3-4），并且在班级合作学习、学生学习力提升等方面与学习班长为首的复合型学习团队保持沟通合作，是一个团队的核心之一。此职务的重要性，要求行政班长（团队长）应由责任心强、有良好大局观和较高威望、人际关系好的学生担任。

表1-3-4　班级行政管理体系表

班主任	行政班长（行政团队长）	活动部	文娱委员	班级每个成员（具体岗位的责任人）
			体育委员	
			科技委员	
			社会实践委员	
		内务部	卫生委员	
			公物委员	
			劳动委员	
			生活委员	
		宣传部	宣传委员	
		团队工作部	团组长	
		文明秩序部	纪律委员	
			文明礼仪委员	
			仪容仪表委员	

2. 以导师制、学科带头人制、学习团组制、情义组合制构建复合型学习团队

（1）复合型学习团队的架构。（见图1-3-1）

班级同学中，每个人的学习积累水平、学习能力、家庭教育环境不同。我主张"以人为核心"，以学科组合导师制为先导，支持学优生成长；以学习团组制为中坚，促进中等生进步；以情义组合"小先生"制托底，关注学困生，树立其学习意识，维护其学习权利，逐步形成"精心、静心、尽心、竞心"的班级学习氛围，形成"不放弃、不抛弃"的班级团队氛围。班级成员获得安全感、认同感、支持感，班级教师团队的各项

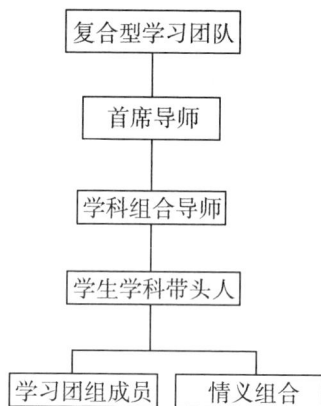

图1-3-1　复合型学习团队

教学措施、各类帮扶措施才能发挥作用。好的制度、好的组织、好的文化爆发出的班级隐形力量必然会启发和指引班级中的大多数成员心存大志、发奋图强，进而形成班级团队之间你追我赶、争先创优的班级大势，构建

出师生之间、生生之间相互尊重信任、积极互动的良好关系。要注意的是，复合型学习团队的架构设计，要综合考虑到年级段、学生人数、学生综合素养等因素，以利于分工、合作与组织管理。

（2）复合型学习团队建设的核心。

首先，聘请学科教师、青年教师为班级导师。一方面，帮助学科教师更近地了解班情、学情，帮助科任教师更好地运用自身的专业知识服务于学习主体；一方面，有助于青年教师在参与班级工作的过程中，直观地学习老教师的工作经验与方法，掌握处理突发学情的方法，提升完成教学目标的能力，引导青年教师将在校所学与实际工作结合起来，更快地形成自己的教学风格。

其次，依据学生的发展水平，积极开展"分层教学，分层辅导，分类推进"的教学实践，形成师生联系、生生互助的学习成长共同体。学科组合导师指导学科带头人全面提升自身的同时，积极引导学科带头人将所学知识形成体系，通过参与学习组教学任务研究，分享学法策略。同时，学科带头人与学困生在自愿的基础上，实施双向选择，建立"情义组合"学习帮扶机制。学科带头人要选择这门学科成绩相对优秀的学生，但主要还要考虑性格特点、责任心、人际关系、同学威信等非智力因素，以有利于在组织、传达、协调等方面更顺利地开展工作。

在实践工作中，班主任应该以首席导师的角色密切与学科组合导师的合作，并注意观察并培养学科带头人中的佼佼者，承担总召集人的角色并逐步推荐优秀者担任班级学习班长（学习团队长）的工作，成为复合型学习团队的核心。

最后，在班级常规工作中将科代表的工作范围重新进行了界定。其将协助科任教师了解学情、协助科任教师完成日常教育教学任务和校内学习质量检测，推进分层辅导的职能职责转移到学科带头人手里。科代表工作聚焦课堂准备，课后书面作业的收发、统计与评价反馈。科代表职责范围调整后，岗位责任人的选拔可以通过自荐与推荐相结合，由团队与科任教师的谈论协商决定。科代表可以安排一个学科成绩相对较差但有学习潜力的同学担任，以便借助实践工作增进师生的情感联系，转变该生的学习态度和心理情感。

3.双体系团队的管理和发展

双体系团队是师生行政活动与学习活动系统性分工与合作的共同体。从团队的组建开始，班主任应该在建立并完善班级制度、文化的同时，着力发展团队制度建设的规范化与创新化、团队管理方式的人本化与精细化。通过持续不断的、系统性的组织管理和评价激励，推动学生个体的素质与能力提升，推动团队的发展与成熟，最终形成积极向上的团队精神、团队舆论，凝聚形成团队文化、班级文化。

（1）准备。

班主任首先必须对班级学情有全面的了解和研究，遵循"组间同质，组内异质，分工协作，分层推进"的基础设计思维，综合考虑学生性别、学业成绩、人际关系、人文素养、创新精神等因素，对团队的人员构成进行合理的调配并适当设计座位安排，以保证团队成员之间的有效沟通，方便团队的管理与评价激励。

（2）组建。

为更有效地推动团队的组建与运作，班主任可以在全面了解学情的前提下，首先组建由不同层次学生参加的团队"筹建会议"，汇总各方的智慧，听取不同的意见。通过师生合作，以班主任为主导，学生为主体，核心学生牵头，全员参与的方式推进团队的组建。总之，团队的组建是一项既要有顶层设计，又要有具体学情的支撑，更要有学生全员参与的工程。切记不要将其变成班主任主观实施的"一言堂"。

（3）核心工作。

① 在团队文化方面，应该确定团队的名称、口号等。

② 应该制定团队的规章制度和议事流程，如团队公约、岗位分工、岗位职责。

③ 制定团队成绩的分阶段发展目标以及相对应的推进策略，如复合型学习团队建设、学习小组联动制度。同时，在学业成绩发展方面，团队与成员签订个人目标规约，分清双方的权利与义务，以契约精神为前提，推动具体活动的实施。

④ 制订团队活动计划，如团队社会实践活动计划、体育素养提升活动计划。

⑤ 制定团队内部的评价及奖惩评价激励机制。根据团队每位成员的现实情况和发展目标，在习惯养成方面与团队成员签订有关行为习惯、生活习惯与学习习惯养成方面的个人规约（见图1-3-2）。分阶段提出习惯养成目标和相应的奖惩内容。尤其是在如何惩戒方面，将权力下放到团队层面，班级层面只做是否符合法律法规的审查。

个人规约

日期：

_____和_____同意本契约。

本契约生效日期从_____到_____。

在_____对本契约的施行结果，进行检讨。

本契约内容：

如果_____能够按契约的要求做，则可以得到规定的奖赏，如果_____无法按契约的要求做，则奖赏将自动取消。

学生签名：

团队长签名：

老师签名：

图1-3-2 个人规约书

⑥ 建立团队荣誉制度，树立身边的榜样。更重要的是，力争发现每名团队成员身上的闪光点。通过放大闪光点，增强闪光点，使其成为学生发展的"最近发展区"。

⑦ 建立团队活动记录档案。如照片、视频、PPT课件；再如，记录团队日常生活的"我身边的故事"纸质记录本；记录同学进步与成长的"今天我最亮"纸质记录本等。

（4）管理与发展。

团队的发展来自团队成员间更加稳固的关系，来自团队的制度和组织完善，来自团队间的合作与竞争，更来自团队文化的发展与完善。这些方面的发展需要班主任持续地关注并开展系列化的团队主题活动。

① 团体心理教育活动——包括环境适应、人际关系、自我认知、情绪管理、学习心理等。作用是协调组员之间的关系，提升团队凝聚力。

② 学生学习力提升策略活动——包括时间管理、计划学习、预习管理、有效听讲、有效学习、优质作业、集错纠错、考试管理等。

③ 团队各部门、各项目负责人素养提升活动——包括负责人例会并完善活动档案；学科中心组任务完成及检查，学习组任务布置、完成及评价等。班主任、科任教师同时以班级导师的身份参与活动并提供必要的帮助。

④ 团队活动责任承办。将班级活动划分为必须由班主任承办、可以由班主任也可以由学生承办、完全可以由学生承办三类。如果是学生可以做的活动，把活动参与、活动组织、活动实施、活动总结、效果落实、活动记录等全过程放手给学生。

⑤ 评价活动——个人量化积分与团队量化积分（见表1-3-5）。

表1-3-5　个人量化积分项目

	守时
	守信
	团队意识
	集会规范
	秩序守纪
行为意识与习惯	安全意识
	雅言雅行
	仪容仪表
	卫生素养
	爱护眼睛
	公物受护
	物品打理
行为意识与习惯	劳动实践
	运动健身
	岗位职责
	意识与态度
学习意识与习惯	早读晨读
	课前准备

续表

学习意识与习惯	高校听讲
	有效笔记、要点积累
	课堂参与
	有效作业
	集错纠错
	优质书写
	阅读悦读
表扬与奖励	自律自控
	时间达人
	互助互学
	知乎达人
	公益实践
	活动贡献

⑥持续完善团队多元奖励机制（见图1-3-3、表1-3-6、表1-3-7）

荣誉班长	优秀部长	优秀监察委员	
优秀值周班长	优秀值日班长		
优秀学员			
优秀学科带头人	优秀中心组	优秀科代表	优秀合作学习组
优秀团队			
守时星	守信星	集会规范星	雅行雅言星
仪容仪表规范星	卫生素养模范星	公物爱护星	劳动实践模范星
公益活动星	爱眼星	守纪星	安全星
爱班星	团队贡献星	运动达人	宣传达人
音乐达人	美术达人	科技达人	
学习意识星	课堂准备星	高效听讲星	高效笔记星
课堂参与星	阅读星	朗读星	演讲星
勇敢展示星	书写美观星	作业达人	背诵达人
早读星	自学自修星	时间达人	自控达人
物品打理星	互助互学星	每日活动星	知乎达人
好学好问星	博闻广记星	优秀作业星	学科明星
勤奋星	奋飞星	进步星	

图1-3-3 多元奖励项目

表1-3-6 学习团队奖励表（一）

优秀学习团队：（综合类）

团队	升降总分	升降平均分	名次	进步人数	平均值	名次	升降位置差	平均差值	名次	总和	总评
1	76.5	6.95	1	7	0.6	1	283	28	1	3	1
2	27.5	2.5	2	7	0.6	1	98	9	3	6	2
3	17.5	1.94	3	5	0.55	3	148	16	2	8	3
4	−41	−4.5	4	3	0.3	4	−3	−0.3	4	12	4

第一名：第一团队　第二名：第二团队　第三名：第三团队

优秀学习团队：（语文）

团队	语文											
	平均分	团队名次	优秀人数	优秀率	团队名次	及格人数	及格率	团队名次	进步人数	比率	团队名次	名次总和	总评名次
1	79.3	2	0	0	0	9	81	2	6	0.55	2	6	2
2	70	4	0	0	0	6	55	4	7	0.64	1	9	3
3	76.6	3	0	0	0	5	55.5	3	4	0.44	3	9	3
4	81.4	1	0	0	0	8	88.9	1	4	0.44	3	2	1

第一名：第四团队　第二名：第一团队　第三名：第二团队、第三团队

优秀学习团队：（数学）

团队	数学											
	平均分	名次	优秀数	优秀率	名次	及格数	及格率	名次	进步人数	比率	名次	总和	总评名次
1	72.9	1	4	36.3	3	8	72.7	2	8	0.73	1	7	2
2	63	4	4	36.3	3	6	55	4	6	0.55	3	14	4
3	68.1	2	4	44	1	7	77.7	1	6	0.87	2	6	1
4	66.9	3	4	44	1	6	66.7	3	4	0.44	4	11	3

第一名：第三团队　第二名：第一团队　第三名：第四团队

表 1-3-7　学习团队奖励表（二）

优秀学习团队：（英语）

团队	英语															
	平均分	名次	优秀数	优秀率	名次	及格数	及格率	名次	达标数	达标率	名次	进步数	比率	名次	总和	总评
1	71.8	3	5	45.4	3	9	81	2	2	18.1	4	1	0.09	3	15	3
2	69.1	4	4	36.3	4	8	73	4	8	72.7	1	1	0.09	3	16	4
3	75	2	5	55.5	2	8	88.8	1	6	66.6	2	1	0.33	2	9	2
4	77.6	1	7	77.8	1	7	77.8	3	6	66.6	2	5	0.56	1	8	1

第一名：第四团队　第二名：第三团队　第三名：第一团队

优秀学习小组：（综合类）

小组	升降总分	升降平均分	名次	进步人数	平均值	名次	升降位置数	平均差值	名次	总和	总评
1-1	73	15	1	4	0.8	1	232	46	1	3	1
1-2	3.5	0.6	5	3	0.5	4	51	9	4	13	4
2-1	18	3.5	3	4	0.8	1	79	16	3	7	3
2-2	10	1.7	4	3	0.5	4	19	3	7	15	5
3-1	−9	−2	7	1	0.25	7	22	6	6	20	7
3-2	27	5.3	2	4	0.8	1	126	25	2	5	2
4-1	−7	−2	6	1	0.25	7	−42	−11	8	21	8
4-2	−34	−7	8	2	0.4	6	39	8	5	19	6

　　团队组织建设的目的是在"做事、做人"的平台上，推动学生自育意识和能力的提升，是在具体实践中培养学生良好的意识和习惯，引导学生正确合理地对自己的人生（职业）做出规划，引导学生尊重自己的生命。但由于学生的年龄特点、家庭教育环境以及以往学习生活经历的不同，尤其是心理发展水平、思想认知水平等多方面仍处于不成熟的阶段，在班级生活中，把集体的发展、个体的互相影响完全寄托于团队组织建设，完全寄希望于群体与个体的互动总能带来"向上、向善"的结果是不现实的。所以，班主任在智慧地建设班级组织、挖掘组织力量的同时，不能忽视自身以及带动科任育人导师、学生家庭的带动引领作用。强化成年人的言传身教、以身作则，强化成年人在学生发展实践中的主导作用，有效陪伴在

任何时候都是不能弱化的。

四、班级的制度制定和执行机构

班级常规事务管理机构是保证班级正常运作的基础机构，是进行班级科学化管理的基本条件。但班级的可持续发展，需要班级从追求效率的科学管理模式向人本管理、文化管理模式过渡与发展，需要包括学生团队、科任教师团队、学生监护人团队等多方力量秉承民主精神，积极参与班级共同体的建设与完善。在科学管理、人本关爱、文化自觉的过程中，全面系统地从班级"立法""执法""行政""咨询"机构等方面，进一步构建完整的班级管理系统，推动学生自治、家校共育，发掘班级发展的隐形力量。

1. 班级管理系统的"立法"机构

（1）班级大会——全体学生。这是我们班级的"人大"。由行政班长担任大会主持人。大会承担班级规章制度的制定、修订等权利与义务。

（2）班级董事会。这是我们班级的"人大常务委员会"。由班主任担任董事会主席，成员包含班主任、学生自治委员会相关班干部，学生代表，科任教师代表（班级导师）、家长委员会成员、特聘班级顾问等。班级董事会承担班级规章制度的监督执行，针对班级不同阶段的发展目标、班级在不同发展时期面临的新问题、新挑战、新机遇以及原有制度执行过程中遇到的各种问题具有旧制度修订、新制度订立的建议提案权。

2. 班级管理系统的"执法"机构

（1）班主任、学生自治委员会联席会议。对于班级制度执行过程中出现的事实与结果清楚、没有异议的事务，执行奖惩。

（2）班级仲裁会。对于班级制度执行过程中出现的严重纠纷，相关当事人实行"谁主张，谁举证"的原则，进行班级听证、审理，最后出具意见或裁决。

3. 班级管理系统的"监察"机构

班级监察委员会。负责对各级岗位责任人履行岗位职责情况进行巡视监察、评价等工作。

4.班级管理系统的"咨询"机构——家长委员会和班级特聘顾问

这是我们班级的"政协"。参与班级管理咨询，为班级建设建言献策，提供支持与帮助。

第四章

班级岗位管理的标准与培训

班级岗位管理的标准所涉及的主要内容一般包括设置原则、岗位分配、职责细化、岗位培训、职责履行、检查监察、评价提升等。本章主要涉及前四个环节的内容。

1.设置原则

班级岗位的设置应面向全体学生，每一个岗位都很重要。同时，班级是学生发展的共同体，是发现学生才干、发展学生才能、发掘学生潜力的平台，是培养学生成长、成功的平台。依据班级管理工作的需要，将班级工作转换成具体的岗位分派给学生，其目的是最大限度地发挥班级育人的主阵地作用，在具体的工作过程中，磨炼学生的意志，锻造学生的品格，发扬学生的长处，改进学生的不足；就是要从培养人的角度，实践"以德树人，以才育人"的理念。

正如在班级岗位的组建原则中所论述的，班级岗位的设置原则应遵循因责、因需、因人、因才的原则。一方面规划如团队长、班委部长、科代表等管理岗位，另一方面设计安排如"灯长""花长"等具体事务的责任人。一方面针对常规事务设计固定岗位，另一方面对于艺术节、科技节、体育节、劳动节等专项活动，设置承担具体任务的临时岗位。

2.岗位分配

尊重每一名学生的权利，信任每一名学生的态度与能力，期待每一学生的成长与发展。一方面选拔责任心强、能力强的学生参与班级管理；一方面通过岗位设置促进学生素养与能力的提升，强化班级岗位管理的教育培养功能。

以新接班级为例——

第一步：班级学生情况摸底；

第二步：学生班级岗位工作意向摸底；

第三步：班级岗位招贤（见表1-4-1）。

表1-4-1　班级岗位招贤榜

岗位名称		申报人	附注
行政班长			与团队数量一致
团队组长			与团队数量一致
纪律秩序部长			与团队数量一致
内务部长			与团队数量一致
宣传部部长			与团队数量一致
活动部长			与团队数量一致
监察委员			向班级管理委员会负责并汇报
学习班长			与团队数量一致
语文带头人			语文中心组核心
理科带头人			理科中心组核心
英语带头人			英语中心组核心
历道法带头人			"历道法"中心组核心
体育带头人			体育中心组核心
地生带头人			"地生"中心组核心
音美带头人			"音美"中心组核心
科代表总监			
学科科代表			与学科数量一致，每学科1~2名
专设岗位			具体事务岗位
特聘岗位			具体活动、任务岗位
人才库	值周班长		择优选定
	值日班长		动态管理
是否履行班级公民职责，服从工作分配			

注：将姓名填入申报人栏。

注：能者多劳，岗位可兼报。

注：多劳多得，班级学分累计。

（1）岗位招标，双向选择。

"岗位招标，双向选择"适用于应聘人员数量多于岗位设置数量的热门岗位，也是班级岗位分配中最常用的方法，是最能激发学生主观积极性的方法。

岗位招标首先需标的明确，也就是岗位职责明确、工作效果目标明确。学生一方面对照岗位标的要求，可以自省，发现自己的长处与优势，同时，也可以发现自身的不足，积极引导学生通过自我要求、自我提升、团结协作等多种形式完成自主规划和组织。其次，岗位招标与班级评价制度结合紧密，有标的就有奖惩，一定程度上能够提高学生参与的积极性。再次，双向选择的基础是尊重、信任，是师生共同目标、共同利益的最佳结合点，可最大限度地为师生双方的共赢提供保障。

在实施过程中应该注意以下问题。

① 班主任对于岗位标的，要有明确的近期、中期、远期目标设计，给予岗位竞聘人明确的工作要求、流程要求和班级工作目标。

② 在追求工作成效的时候，更要关注对学生的培养，在岗位工作中为学生提供成长的空间和时间。

③ 制定岗位的准入原则。例如学业成绩、行为习惯要求。

④ 明确岗位招聘的技术要求。例如申报时间、申报形式。

⑤ 招标完成，应以书面契约的形式固定下来，以保证中标学生认真履行职责。

⑥ 并非所有的岗位都适合招标。

（2）毛遂自荐。

通过下发《学生班级岗位工作意向摸底表》摸清学生的兴趣、爱好、特长、已有经历和岗位意向。由于同一岗位可能存在多人申请或者岗位申请人未必是适合岗位工作的人的情况，所以可以通过竞聘上岗、试用期考评等方法，提升这种岗位分配方式的效果。

（3）举贤荐能。

班主任应该主动了解班级学生情况，征集学生意见。同时，积极与科任教师、学生监护人建立更加密切的联系，推动成长共同体建设。在这个过程中，班主任公开确认班级工作岗位职责和任职条件，运用座谈会、

《班级岗位推荐表》等形式，全方位了解并举荐班级德才兼备的学生负责班级管理工作。

（4）竞聘上岗。

其一般与岗位招标结合使用，流程包括发布招标、书面投标、公开演讲、民主评议等。这种岗位分配方式比较充分地考虑到学生个人与班级的关系。一方面激发学生个体的能力、愿望和责任心，一方面因为机会得来不易，学生在工作上会更加珍惜和投入。同时，增强了师生之间、生生之间的信任，活跃了班级的氛围，提升了学生的主人翁责任感，增强了班级的凝聚力。

（5）民主协商。

双体系团队的建设是一项既要有顶层设计，又要有具体学情的支撑，更要有学生的全员参与的工程。所以，团队（组）中的部分岗位，如团队中的科代表岗位等可以通过内部的民主协商、讨论产生。一般原则是"人人为团队，团队为人人"，每一名成员都是团队（组）的建设者和责任人。

（6）试用考察，独具慧眼。

其流程一般包括观察选人、谈话交流、试用考察、正式任命等。

在班级管理岗位分配的过程中，班主任处于特殊重要的地位。为贯彻班级管理的理念，实现班级发展的整体规划和目标，班主任应该保留人事方面一定的直接任命权。尤其是某些重要岗位，如纪律秩序部的岗位。在实践工作中，由于岗位负责人的工作经验不多、部分学生习惯养成不好等原因，造成这些岗位的负责人在民主评议等方面可能会遭受阶段性的不公平遭遇。虽然随着班级制度，尤其是班级文化的建设，情况会逐步改善，但仍会对班级发展造成不利的影响。所以，班主任在充分考虑各方面意见的同时，应该有自己的判断和决定。其优点在于岗位分配迅速，提升班级管理效率，并提升班主任在班级管理中的威信。但这种分配方式对于班主任个人的素养和经验有较高的要求，要注意减小个人判断失误的概率。

只有班主任和班干部参与的班级管理只是精英式的班级管理，不是真正的学生自主管理，自然也不是以培养和发展学生意识、习惯、能力为出发点的班级成长共同体。岗位分配就是班主任主动地、有梯度地将每个学生安排到最合适的岗位，既满足岗位的要求又满足学生自身的发展需要。简言之，人尽所能、人尽其才，管理高效，双方共赢。

班主任对于班级岗位分配要有"不变"和"可变"的两手准备。

第一，重要岗位是班级管理的核心和班级状况的稳定器、班级发展的推进器。这样的岗位人选在一定阶段"不变"。

第二，引导每一名班级成员明确班级岗位职责的要求"不变"。班主任应该有意识地将对于岗位职责的集体讨论、班级岗位的分配、岗位干部的阶段性述职、岗位工作的阶段性总结与评价等形式贯穿班级建设和发展的各个阶段。通过形式多样的活动，树立起不同岗位的榜样形象，明确不同岗位的职责要求并以文件的形式确定下来。

第三，引导全体学生主动参与班级岗位工作，主动为同学服务，在做事中学会做人，学会学习的目标"不变"。

第四，在班级发展的不同阶段，因班级发展的需要不同，岗位的设置数量"可变"。

第五，班级的学情不同，学生个人的发展状况不同，岗位的设置"可合可分"，如班级内务部可以划分为卫生部、公物维护部、生活部等部门。活动部可以划分为体育活动部、艺术活动部、科技活动部、劳动实践部、社会实践部等部门。

第六，班级岗位分配的方式灵活"可变"。学生的性格不同，思维成熟度不同，能力发展水平不同，家庭环境不同，种种不同决定了班级岗位分配形式"可变"。比如班级中部分内向的学生，岗位分配多以"举贤荐能"的方式鼓励学生承担。再如，当班级出现师生冲突、生生冲突时，引导学生主动发现班级岗位，自主申报，自主命名，师生合作归纳基本要求。这样，班主任就把对矛盾冲突的解决转换为具体事务的岗位实践，把影响班级发展的负能量转换成促进班级管理的发展动力和学生发展的实践平台。何乐而不为？

第七，班主任面对成长中的学生，自身的教育观念和方法必须因学生的变化而变化。应尊重学生、信任学生，克服自身的惰性，大胆地给予学生实践的机会和平台。

班级岗位分配的结果可以有两种呈现形式，一种是学生岗位工作一览表（见表1-4-2），班级工作安排一目了然，解决"我做什么"的问题；一种是班级组织结构图（见图1-4-1），隶属关系清楚呈现，解决"我和谁一起做""我听谁的建议""谁听我的建议""出了问题找谁"的疑问。

表1-4-2 学生岗位工作一览表（节选）

学号	姓名	班级职务	劳动任务	其他工作
1				
2				
……				

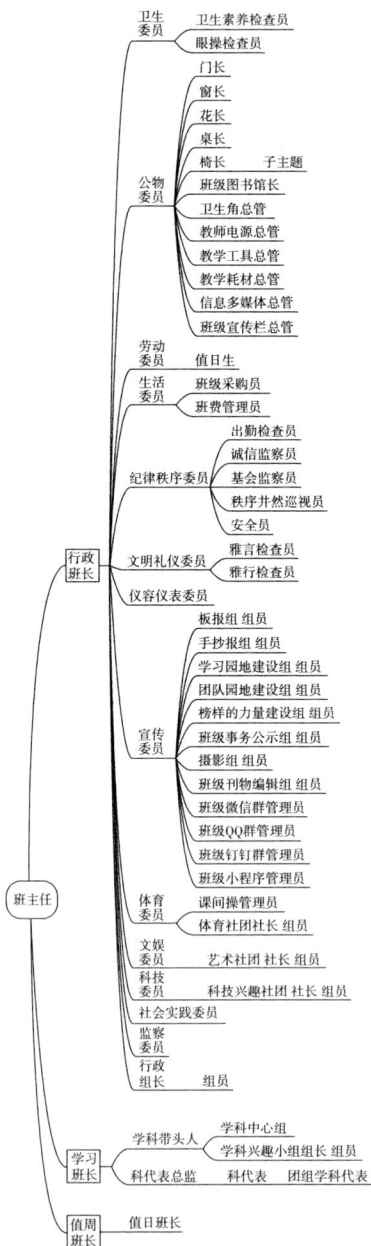

图1-4-1 班级组织结构图

总之，班级中的"变"与"不变"，始终处于动态平衡中。班主任在这种动态平衡中用智慧的思维来经营班级，才能推动班级生态建设，把班级建设成为学习共同体、生活共同体、文化共同体。

3. 职责细化

我们之所以实施科学管理是为了把班级工作做好，是为了把集体的发展和个人的成长统筹在一起，使其互为助力，和谐发展。因此，岗位的分配必然要有相应的岗位工作内容、岗位权力、岗位义务相匹配，也就是要有明确的岗位职责。

岗位职责既规定了某一岗位在班级管理体系中区别于其他岗位的核心范畴，也对于岗位责任人应该做什么有明确的表述。同时，为班级岗位培训、班级工作检查、量化评价与反馈提供明确的依据。明确的岗位职责理顺了班级管理的工作分配，突出了岗位负责人的责与权，增强了岗位责任人的主人翁意识，是班级文化中制度文化的集中体现。

班级岗位职责的制定，需要班主任考虑班级学生的年龄、学段、性别、学情基础等多众因素。在制定职责的过程中，班主任是主导，主要履行统筹考虑、顶层设计、总体指导、有策略地提供建议等职责。而职责的制定主体一定是学生，因此，班主任在岗位职责制定的全过程一定要摆正学生的位置，始终坚持尊重学生、依靠学生、信任学生的原则，积极引导团队学生针对班级发展的现状与发展目标、具体的问题与现象，通过自主制定，集体讨论修改，实践完善，力争使制定出的班级岗位职责既能与时俱进，满足班级整体发展的需要，又能体现岗位的个性化需求。

学生主体积极参与班级岗位职责的制定，既能调动学生的主人翁意识和工作积极性，保证岗位职责内容与要求来源于班级实际，来源于学生发展现状和自我发展需要，有助于将工作压力转变做工作动力；又能助力学生自主教育，自我完善。

附录：班级岗位责任制（节选）

总则：班级自建班起，全体成员即形成命运共同体，一荣俱荣，一损俱损。班级实行《班级常规》规定下的岗位责任制。具体通过自律、团队会、学生委员会、班级管理委员会四级管理体系实施班级管理。积极开展同学自治、团队合作、团队竞争。班级中，处理事务的依据不是班主任或是班干部的个人判断，而是通过公议形成的《班级常规》这一规章制度。

学生委员会
行政系列

1. 行政班长职责

通过竞选产生的行政班长正常任期一学年。当任期已满时，负责组织并主持下一任行政班长的选举。行政班长可以连选连任。

学生管理委员会成员及任课教师半数一读，班会四分之三总数二读，可对其进行罢免弹劾。

（1）我全面负责本团队同学德、智、体、美各项活动的开展，在为同学服务中提高自己的管理水平，履行自己的岗位职责。

（2）我负责组建并领导学生管理委会成员开展工作。我组织领导团队组长，各部长履行岗位职责。有权对组织部门负责人进行考评和反馈。

（3）我承诺及时听取班主任对班级管理的意见，及时传达学校及班主任对班级活动的要求，并组织同学将要求落到实处。积极促进班级师生和谐关系的建立与发展。

（4）我参与班会的准备工作，召开班会时可自己主持，也可指定有关同学主持。

（5）我汇总班级出勤，及时上报学校有关部门。负责点收每日家校联系本。

（6）领导全体团队成员积极参与班级团队合作评价，争创优秀团队。

（7）我领导全体团队成员积极参加班级个人"习惯的力量"——行为习惯养成评价，争创明星队员。

（8）我承诺在履行岗位职责的过程中起到模范带头作用。

（9）我承诺认真完成班级岗位职责，总结经验，制定改进措施。

（10）我全面负责班级量化评比中的各项工作的开展。督促量化评比负责人履行职责并检查《班级常规》的实施情况。完成阶段性评价和学期总评工作的实施，并根据实际写出工作总结和计划。我承诺在班级团队和个人评价中，严格依规办事，公正严明，一丝不苟。

（11）根据班级制度的有关规定，我有权提出"奖励或惩处"的提案，有权提出"班级制度"的修改建议，有权提出有关"评价激励"的提案。

2. 团支部书记/少先队中队长兼班级组织监察长职责

（1）我协同班主任工作，可以积极主动地建立班级行政监察系统并领导所属成员测评班级各级各类管理人员履行岗位职责情况。奖优罚懒，根据其履行岗位职责的情况有权对有关人员的工作给予表扬奖励，批评、惩罚直至撤换的建议。

（2）班主任、值周班长不在校时，我代行班主任的责权。

（3）我负责组织全班共青团员/少先队员按时完成校团委布置的各项任务。并充分发挥共青团/少先队的先进作用，将队伍建设成为班级工作的先锋队，为形成良好的班风做出贡献。

（4）我负责发展新团员的工作，负责对团外积极分子的帮助、引导，使之尽快达到团员标准。负责向支部建议召开支部会议或团员大会，讨论研究发展新团员，一经批准，则具体负责组织、主持会议。

（5）我承诺在履行岗位职责的过程中起到模范带头作用。

（6）我承诺认真完成班级岗位职责，总结经验，制定改进措施。

（7）我承诺在班级团队和个人评价中，严格依规办事，公正严明，一丝不苟。

（8）根据班级制度的有关规定，我有权提出"班级制度"的修改建议。有权提出有关"评价激励"的提案。

3. 纪律秩序部长职责

（1）我全面负责落实《班级常规》——文明秩序部分各条款的实施，维护班级文明秩序，消除安全隐患。

（2）我负责领导各团组秩序组长开展文明秩序管理工作，履行相应岗位职责，检查反馈有关人员岗位职责履行情况。

（3）我负责各时段无声自习的组织管理，拥有自习课的准假权。

（4）我承诺在履行岗位职责的过程中起到模范带头作用。

（5）我承诺认真完成班级岗位职责，总结经验，制定改进措施。

（6）我承诺在班级团队和个人评价中，严格依规办事，公正严明，一丝不苟。

（7）根据班级制度的有关规定，我有权提出"班级制度"的修改建议。有权提出有关"评价激励"的提案。

（8）纪律秩序部参与班级硬件文化"榜样的力量"等项目的建设。

4. 宣传部部长职责

（1）我负责本班教室文化环境的规划与建设，联系各部门参与班级硬件文化项目的建设。

（2）宣传部对于在日常生活中出现的榜样同学、榜样事件一方面要积极向本班同学宣传，树立典型；一方面向校团委及上级部门，有关新闻单位积极推介，帮助有关部门及时发现先进典型。对团队员及同学中的不良倾向，凡带有普遍性的，也有在一定范围内采取合理措施手段公示教育的义务，以便引起有关干部与个人的警觉，及时加以控制。

（3）我负责组织完成学校墙报、手抄报等评比任务，努力取得好成绩。

（4）我负责班报的组织、编辑、出版工作，形成班级文化建设的特色。

（5）我负责建设班级通讯网、班级博客、公共邮箱、微信群等联系平台，确保信息畅通。

（6）我承诺在履行岗位职责的过程中起到模范带头作用。

（7）我承诺认真完成班级岗位职责，总结经验，制定改进措施。

（8）我承诺在班级团队和个人评价中，严格依规办事，公正严明，一丝不苟。

（9）根据班级制度的有关规定，我有权提出"班级制度"的修改建议。有权提出有关"评价激励"的提案。

5. 内务部职责（可安排工作责任人但本人必须承担具体工作）

5-1 卫生部长职责

（1）我负责班级卫生清扫的检查反馈工作和卫生清洁保持工作，消除安全隐患。

（2）根据工作需要，我全面负责选拔、指定各项卫生工作含眼操的临时或长期负责人。

（3）我负责协助有关教师开展全班同学的身体检查工作，协助卫生室建立本班同学的健康档案，负责组织同学控制或降低常见病、多发病的发病率。

（4）我负责领导卫生工作岗位负责人履行相应岗位职责，检查反馈有关人员岗位职责履行情况。

（5）我承诺在履行岗位职责的过程中起到模范带头作用。

（6）我承诺认真完成班级岗位职责，总结经验，制定改进措施。

（7）我承诺在班级团队和个人评价中，严格依规办事，公正严明，一丝不苟。

（8）根据班级制度的有关规定，我有权提出"班级制度"的修改建议，有权提出有关"评价激励"的提案。

（9）卫生部负责班级硬件文化"卫生角"等项目的规划与建设，参与"榜样的力量"等项目的建设。

5-2　劳动部部长职责

（1）我负责制定各（含卫生值日、大扫除等）专项工作的岗位责任设置并负责监督实施。

（2）我负责组织安排收发书籍本子，制定午饭专项工作的岗位责任设置并负责监督实施。

（3）我负责安排学工、学农期间的劳动安排。

（4）我承诺在履行岗位职责的过程中起到模范带头作用。

（5）我承诺认真完成班级岗位职责，总结经验，制定改进措施。

（6）我承诺在班级团队和个人评价中，严格依规办事，公正严明，一丝不苟。

（7）根据班级制度的有关规定，我有权提出"班级制度"的修改建议。有权提出有关"评价激励"的提案。

（8）劳动部参与 "榜样的力量"等项目的建设。

5-3　公物部长职责

（1）我全面负责领取教学和卫生清洁等公共财产并制定班级财产的保管责任制。落实班级用品安全保障。

（2）根据工作需要，我全面负责选拔、指定各项公物管理维护工作的临时或长期负责人。

（3）我负责领导公物工作岗位负责人履行相应岗位职责，检查反馈有关人员岗位职责履行情况。

（4）我承诺在履行岗位职责的过程中起到模范带头作用。

（5）我承诺认真完成班级岗位职责，总结经验，制定改进措施。

（6）我承诺在班级团队和个人评价中，严格依规办事，公正严明，一丝不苟。

（7）根据班级制度的有关规定，我有权提出"班级制度"的修改建议。有权提出有关"评价激励"的提案。

（8）公物部负责对班级硬件文化项目的规划与建设提供支持，参与 "榜样的力量"等项目的建设。

5-4　生活部长职责

（1）我负责收取学书费、班费、饭费等班级各项费用，及时将需上交的费用按要求上交。

（2）我负责组织安排收发书籍本子，制定午饭专项工作的岗位责任设置并负责监督实施。

（3）我负责班费的保管和支取，记好班费往来账目，并定期向同学们公布。

（4）我承诺在履行岗位职责的过程中起到模范带头作用。

（5）我承诺认真完成班级岗位职责，总结经验，制定改进措施。

（6）我承诺在班级团队和个人评价中，严格依规办事，公正严明，一丝不苟。

（7）根据班级制度的有关规定，我有权提出"班级制度"的修改建议。有权提出有关"评价激励"的提案。

6. 文体部职责

6-1 文艺部长职责

（1）我负责班级文娱活动的组织领导工作。负责校艺术节、新年联欢会文娱节目的编排导演工作。

（2）我负责运动会活跃会场等各项活动的组织。

（3）根据工作需要，我全面负责选拔、指定各常规工作或专题活动的临时或长期负责人。

（4）我负责领导文艺工作岗位负责人履行相应岗位职责，检查反馈有关人员岗位职责履行情况。

（5）我承诺在履行岗位职责的过程中起到模范带头作用。

（6）我承诺认真完成班级岗位职责，总结经验，制定改进措施。

（7）我承诺在班级团队和个人评价中，严格依规办事，公正严明，一丝不苟。

（8）根据班级制度的有关规定，我有权提出"班级制度"的修改建议。有权提出有关"评价激励"的提案。

（9）文艺部参与"榜样的力量"等项目的建设。

6-2 体育部长职责

（1）我负责安排全班（体育课除外）各项体育活动，包括跑步、课间操、体育活动课、队列体操比赛，运动会等各项活动的开展。

（2）我负责合理组织多样的体育比赛，丰富同学们的学校生活，增进班级团结，为形成良好班风做出贡献。

（3）根据工作需要，我全面负责选拔、指定各体育常规工作或专题活动的临时或长期负责人。

（4）我承诺在履行岗位职责的过程中起到模范带头作用。

（5）我承诺认真完成班级岗位职责，总结经验，制定改进措施。

（6）我承诺在班级团队和个人评价中，严格依规办事，公正严明，一丝不苟。

（7）根据班级制度的有关规定，我有权提出"班级制度"的修改建议。有权提出有关"评价激励"的提案。

（8）体育部负责班级硬件文化"运动天地"的规划与建设，参与"榜样的力量"等项目的建设。

6-3 实践活动部长职责

（1）我负责组织社团活动、公益活动、社会实践活动。

（2）根据工作需要，我全面负责选拔、指定各项主题或专题活动的临时或长期负责人。

（3）我承诺在履行岗位职责的过程中起到模范带头作用。

（4）我承诺认真完成班级岗位职责，总结经验，制定改进措施。

（5）我承诺在班级团队和个人评价中，严格依规办事，公正严明，一丝不苟。

（6）根据班级制度的有关规定，我有权提出"班级制度"的修改建议。有权提出有关"评价激励"的提案。

（7）体育部负责班级硬件文化"运动天地"的规划与建设，参与"榜样的力量"等项目的建设。

7. 值周班长职责

（1）值周期间，我代行（常务）班长职责。

（2）学校若召开班长或班干部会，则可参加或安排有关干部参加会议。

（3）我领导值日班长履行各项职责。

（4）我应该及时与学校负责值周工作的师生取得联系，征求值周者对本班各方面工作的意见，当天提出改进措施，分析班级本周德、智、体、美各项活动在全校的位置，对被值周者扣分的项目，分析原因，提出下周整改措施。

（5）我负责收发个人手册。

（6）我负责完成周评各项数据汇总、公示和存档。

（7）我承诺在履行岗位职责的过程中起到模范带头作用。

（8）我承诺认真完成班级岗位职责，总结经验，制定改进措施。

（9）我承诺在班级团队和个人评价中，严格依规办事，公正严明，一丝不苟。

（10）根据班级制度的有关规定，我有权提出"班级制度"的修改建议。有权提出有关"评价激励"的提案。

8. 值日班长职责

（1）值日期间，我是班级常规事务总管，依据值日班长职责工作。

（2）我应该提前接收班级日志、点名册、卫生公物维护工作安排表等。

（3）我应该提前15分钟到班。抄写课程表、交作业提示、名言警句等。

（4）我负责收发家校联系本。

（5）我协助科代表整理作业。

（6）我有责任提醒岗位负责人履行工作职责。

（7）我有责任将班级出现的突发问题及时联系班主任。

（8）我参与组织管理课前准备、课间操、眼保健操。

（9）我负责课间制止追逐、打闹、喧哗等可能造成安全隐患的行为。

（10）我参与卫生检查、公物检查。

（11）我放学时负责清校，检查并关闭门、窗、电源并锁门。

（12）我负责班级日志的撰写并进行点评公示。

（13）完成班级日志各项目评比记录。实时落实各项目负责人团队评比公示和个人手册项目事实填写。

（14）完成班级评比各项数据汇总、公示和存档。

（15）及时与学校值日工作的师生取得联系，征求值日者对本班各方面工作的意见，当天提出改进措施，分析班级德、智、体、美各项活动在全校的位置，对被学校扣分的项目，分析原因，提出整改措施。

（16）在第二天的中午12时之前将《班级日志》公示在班级的公告栏上，并刊登自己在任职期间的工作总结。学校评比若对班级出现扣分，值日班长的工作总结中须写清问题分析。

（17）我承诺在履行岗位职责的过程中起到模范带头作用。

（18）我承诺认真完成班级岗位职责，总结经验，制定改进措施。

（19）我承诺在班级团队和个人评价中，严格依规办事，公正严明，一丝不苟。

（20）根据班级制度的有关规定，我有权提出"班级制度"的修改建议。有权提出有关"评价激励"的提案。

学习系列

1. 学习班长职责

（1）我负责领导各学科带头人，各学科中心组成员履行相应岗位职责，检查反馈有关人员岗位职责履行情况。主动地、创造性地组织领导学科中心组，学科带头人，分工协作，积极有效地推动班级同学学习力的提升。

（2）我有权对组织部门负责人进行考评和反馈。

（3）我负责领导学习部成员关注班级各学科的发展动态，推动优势学科的形成与发展，推动弱势学科的进步与转化；关注班级成员的学习发展动态，及时与班主任和班委成员交流信息，积极主动开展工作。

（4）我负责领导学习部成员负责自习自修时间的任务布置、智力竞赛、学科竞赛、演讲会、辩论会等群体性活动的组织、分工与协调。

（5）我负责领导复合型学习团队工作，推动"每日"学习习惯的养成。（及时复习，集错纠错，复习强化，疑难攻关，学习互助）

（6）我负责领导各学科带头人、中心组成员，配合科任教师，开展全班同学期中、期末考试科目学习活动。

（7）我全面负责《班级常规》——学习习惯养成部分各条款的实施。

（8）我可按照工作流程提名、选拔各级课程学科中心组成员和学科带头人。

（9）我承诺在履行岗位职责的过程中起到模范带头作用。

（10）我负责领导全体团队成员积极参与班级团队合作评价，争创优秀团队。

（11）我负责领导全体团队成员积极参加班级个人"习惯的力量"——学习习惯养成评价，争创明星队员。

（12）我承诺认真完成班级岗位职责，总结经验，制定改进措施。

（13）我承诺在班级团队和个人评价中，严格依规办事，公正严明，一丝不苟。

（14）根据班级制度的有关规定，我有权提出"班级制度"的修改建议。有权提出有关"评价激励"的提案。

（15）学习部负责班级硬件文化建设项目"知乎""学习园地""让阅读成为一种习惯""学习力勋级评定"等的规划与建设，参与"榜样的力量"等项目的建设。

2. 科代表召集人职责

（1）我负责领导各学科科代表履行相应岗位职责，落实书面作业要求（布置、收发、反馈、改检等），检查反馈有关人员岗位职责履行情况。

（2）我关注每日学习任务及作业的完成情况，推动书面作业质量提升，落实班级作业"增质减负"目标。

（3）我负责领导科代表早间8时前，按要求上交学科作业。

（4）我有权对组织部门负责人进行考评和反馈。

（5）我可按照工作流程提名、选拔、推荐各级课程科代表人选。

（6）我联系各科任教师和各学科科代表，负责汇总并完成当日书面作业完成情况反馈表，落实团队和个人评价奖惩公示，落实家校联系。

（7）我承诺在履行岗位职责的过程中起到模范带头作用。

（8）我承诺在班级团队和个人评价中，严格依规办事，公正严明，一丝不苟。

（9）我承诺认真完成班级岗位职责，总结经验，制定改进措施。

（10）根据班级制度的有关规定，我有权提出"班级制度"的修改建议。有权提出有关"评价激励"的提案。

（11）科代表参与班级硬件文化建设项目"知乎""学习园地""让阅读成为一种习惯""学习力勋级评定""榜样的力量"等项目的建设。

3. 科代表工作职责

（1）我负责作业布置、作业与试卷的收发、课堂组织与管理（含准备课堂用教具，协助老师做演示实验，帮助老师做分组实验的准备工作，协助老师填写课堂情况记录单等）、竞赛与测试的组织领导、团队学科联系人工作的组织领导、学科中心组的组织与领导。各学科科代表应建立本学科的任务记录和完成情况记录本，方便有关人员汇总检查。

（2）我承诺作业布置要求准确无误。每日第二节课前将作业送交办公室并约定取回作业的时间，同时将数量和质量初检情况上报老师。

（3）我承诺作业数量未完成者和完成质量不合格者，及时上报科代表总监汇总记录。

（4）我承诺对于学科任务未完成者的处罚（由任课教师依据有关规定做出），能够做到与学科带头人或团队学科中心组成员给予跟踪反馈。

（5）我承诺及时搜集同学们对教师教学的意见和建议，并及时向老师反映；老师对同学们的意见和建议，要及时反馈给班级同学。

（6）我承诺协助老师调查、了解、分析本学科学习后进同学的困难、障碍。

（7）我承诺更深地了解任课老师的意图、教学特点，及时向同学们加以介绍，使同学们尽快适应老师的教法。

（8）我参与记载本学期历次考试成绩，并对成绩升降情况进行总结分析，为提高成绩，给同学们以指导，给老师当好参谋。

（9）在情况允许的前提下，参与组织本学科的学习互助组和中心组活动，带动本学科学有所长的同学，使其长处发展更快。同时，帮助学习后进同学取得突破和进步。

（10）协助开展智力竞赛、学科竞赛、演讲会、辩论会、擂台赛等群体性活动。

（11）协助开展全班同学期中、期末考试科目学习活动。

（12）我承诺在履行岗位职责的过程中起到模范带头作用。

（13）我承诺认真完成班级岗位职责，总结经验，制定改进措施。

（14）我承诺在班级团队和个人评价中，严格依规办事，公正严明，一丝不苟。

（15）根据班级制度的有关规定，我有权提出"班级制度"的修改建议。

（16）参与班级硬件文化"学习园地"的建设，参与"榜样的力量"等项目的建设。

4. 学科带头人工作职责

（1）我承诺配合学习部长开展工作。

（2）我协助科代表，组织并反馈队员的学习任务完成情况。

（3）我协助完成课堂组织与管理，组织本队同学完成2分钟学习准备。维护班级的课堂学习秩序。对不认真者可决定批评、惩罚。

（4）我参与组织本学科的学习互助组活动，帮助同学取得突破和进步。

（5）我负责本团队小组的学科学习工作，检查反馈责任人完成岗位职责情况。奖优罚懒，对不认真者可与学习部长共同决定采取批评、惩罚等措施。

（6）我负责本团队内所有同学学习习惯养成的各项活动的组织开展。围绕"课堂学习""作业完成""学习检测"三项具体开展工作。制定小组学习发展目标，协调解决合作与竞争的关系。

（7）我承诺关注每日学习任务及作业的完成情况，协助科代表总监组织科代表按规定时间上交作业，积极承担作业晨检工作。

（8）我承诺关注团队各学科的发展动态，推动优势学科的形成与发展，推动弱势学科的进步与转化；关注团队成员的学习发展动态，及时与班主任和班委成员交流信息，积极主动开展工作。

（9）我承诺参与协助开展智力竞赛、学科竞赛、演讲会、辩论会、擂台赛等群体性活动。

（10）我承诺协助开展开展全班同学期中、期末考试科目学习活动。

（11）我参与记录团队本学期历次考试成绩，并对成绩升降情况进行总结分析，为提高成绩，给同学们以指导，给老师当好参谋。

（12）我承诺在履行岗位职责的过程中起到模范带头作用。

（13）我承诺认真完成班级岗位职责，总结经验，制定改进措施。

（14）我承诺在班级团队和个人评价中，严格依规办事，公正严明，一丝不苟。

（15）根据班级制度的有关规定，我有权提出"班级制度"的修改建议。

（16）参与班级硬件文化"学习园地"的建设，参与"榜样的力量"等项目的建设。

团队系列

1. 副班长兼行政团队长职责

（1）我协助行政班长，全面负责本团队同学德、智、体、美、劳各项活动的开展，在为同学服务中提高自己的管理水平，履行自己的岗位职责。

（2）我协助学生委员会各部部长，组织领导专项团队长履行岗位职责。有权要求学管会专项部长对其下属部门成员进行表扬奖励或批评、惩戒直至撤换。

（3）我负责汇总团队出勤，及时上报行政班长。

（4）我承诺在履行岗位职责的过程中起到模范带头作用。

（5）我承诺领导全体队员开展团队合作评价，争创优秀团队。

（6）我承诺领导全体队员开展两惯养成量化评比，争创明星队员。

（7）根据《班级常规》的有关规定，我有权提出"班级制度"的修改建议，有权提出有关"评价激励"的提案。

2. 副班长兼学习团队长工作职责

（1）我配合学习部长开展工作。

（2）我负责领导团队各学科联系人开展工作，检查反馈其完成岗位职责情况。有权要求学管会学习班长对其部门成员进行表扬奖励或批评、惩戒直至撤换。

（3）我负责本团队内所有同学学习习惯养成的各项活动的组织开展。围绕"课堂学习""作业完成""学习检测""集错纠错"等项目具体开展工作。制定小组学习发展目标，协调解决合作与竞争的关系。

（4）我关注每日学习任务及作业的完成情况，督促团队学科联系人按规定时间上交作业给科代表并同时上报数量和质量检查情况。

（5）我关注团队各学科的发展动态，推动优势学科的形成与发展，推动弱势学科的进步与转化；关注团队成员的学习发展动态，及时与班主任和班委成员交流信息，积极主动开展工作。

（6）我协助开展智力竞赛、学科竞赛、演讲会、辩论会等群体性活动。

（7）我协助开展开展团队同学，期中、期末考试科目学习活动。

（8）我负责记录团队本学期历次考试成绩，并对成绩升降情况进行总结分析，为提高成绩，给同学们以指导，给老师当好参谋。

（9）我认真完成量化评比职责，总结经验，制定改进措施。

（10）我承诺在履行岗位职责的过程中起到模范带头作用。

（11）根据《班级常规》的有关规定，我有权提出"班级制度"的修改建议，有权提出有关"评价激励"的提案。

3. 监察组长工作职责

（1）我协同团队长和组织监察长开展工作。

（2）团队长不在校时，代行团队长的责权。

（3）协助组织团队共青团员/少先队员，按时完成班级团、队组织布置的各项任务。充分发挥共青团/少先队的先进作用，将队伍建设成为班级工作的先锋队，为形成良好的班风做出贡献。

（4）我协助发展新团员的工作，负责对团外积极分子的帮助、引导，使之尽快达到团员标准。负责向支部建议召开支部会议或团员大会，讨论研究发展新团员，一经批准，则具体负责组织、主持会议。

（5）我承诺在履行岗位职责的过程中起到模范带头作用。

（6）我承诺认真完成量化评比职责，总结经验，制定改进措施。

（7）根据《班级常规》的有关规定，我有权提出"班级制度"的修改建议，有权提出有关"评价激励"的提案。

4. 学习组长工作职责

（1）我配合学习部长，学习团队长开展工作。

（2）我负责本小组内所有同学学习习惯养成的各项活动的组织开展。围绕"课堂学习""作业完成""学习检测""集错纠错"等项目开展具体工作。制定小组学习发展目标，协调解决合作与竞争的关系。

（3）我关注每日学习任务及作业的完成情况，协助学科联系人按规定时间上交作业给科代表并同时上报数量和质量检查情况。

（4）我关注小组各学科的发展动态，推动优势学科的形成与发展，推动弱势学科的进步与转化；关注小组成员的学习发展动态，及时与班主任和班委成员交流信息，积极主动开展工作。

（5）我协助开展智力竞赛、学科竞赛、演讲会、辩论会等群体性活动。

（6）我协助开展开展小组同学，期中、期末考试科目学习活动。

（7）我负责记录小组本学期历次考试成绩，并对成绩升降情况进行总结分析，为提高成绩，给同学们以指导，给老师当好参谋。

（8）我承诺认真完成量化评比职责，总结经验，制定改进措施。

（9）我承诺在履行岗位职责的过程中起到模范带头作用。

（10）根据《班级常规》的有关规定，我有权提出"班级制度"的修改建议，有权提出有关"评价激励"的提案。

5. 纪律组长工作职责

（1）我协助纪律秩序部长开展各项工作，具体负责《班级常规》——文明秩序部分各条款的实施，维护班级文明秩序。

（2）我负责本小组各时段无声自习的纪律秩序管理。

（3）我承诺在履行岗位职责的过程中起到模范带头作用。

（4）我承诺认真完成量化评比职责，总结经验，制定改进措施。

（5）根据《班级常规》的有关规定，我有权提出"班级制度"的修改建议，我有权提出有关"评价激励"的提案。

6. 内务——卫生组长工作职责

（1）我协助卫生部长，具体负责班级卫生清扫的检查反馈工作和卫生的维护保持工作。

（2）我负责协助开展小组同学的身体检查工作，协助卫生室建立本团队同学的健康档案，负责组织同学控制或降低常见病、多发病的发病率。

（3）我承诺在履行岗位职责的过程中起到模范带头作用。

（4）我承诺认真完成量化评比职责，总结经验，制定改进措施。

（5）根据《班级常规》的有关规定，我有权提出"班级制度"的修改建议，有权提出有关"评价激励"的提案。

7. 内务——劳动组长工作职责

（1）我协助制定各（含卫生值日、大扫除等）专项工作的小组岗位责任设置并负责监督实施。

（2）我协助劳动团队长做好学工、学农期间的劳动安排。

（3）我承诺在履行岗位职责的过程中起到模范带头作用。

（4）我承诺认真完成量化评比职责，总结经验，制定改进措施。

（5）根据《班级常规》的有关规定，我有权提出"班级制度"的修改建议，有权提出有关"评价激励"的提案。

8. 内务——生活组长工作职责

（1）我协助生活部长收取书费、班费、饭费等班级各项费用，及时将需上交的费用按要求上交。

（2）我协助生活部长收发书籍本子，制定午饭专项工作的团队岗位责任设置并负责监督实施。

（3）我承诺在履行岗位职责的过程中起到模范带头作用。

（4）我承诺认真完成量化评比职责，总结经验，制定改进措施。

（5）根据《班级常规》的有关规定，我有权提出"班级制度"的修改建议，有权提出有关"评价激励"的提案。

9. 内务——公物组长工作职责

（1）我协助公物部长工作，具体负责领取公共财产并制定团队财产的保管责任制并对责任人的工作给予指导和监督。并将评价和意见上报部长并取得处理意见并执行。

（2）我承诺在履行岗位职责的过程中起到模范带头作用。

（3）我承诺认真完成量化评比职责，总结经验，制定改进措施。

（4）根据《班级常规》的有关规定，我有权提出"班级制度"的修改建议，有权提出有关"评价激励"的提案。

10. 宣传组长工作职责

（1）具体负责本班教室文化环境建设和好人好事、模范先进的宣传工作。对同学中的不良倾向，凡带有普遍性的，也有在一定范围内宣传教育的义务，以便引起有关干部与个人的警觉，及时加以控制。

（2）我协助组织完成学校墙报、手抄报评比任务，努力取得好成绩。

（3）我协助完成班报的组织、编辑、出版工作，形成班级文化建设的特色。

（4）我协助建设班级通讯网，班级博客，公共邮箱，微信群，飞信群等联系平台，确保信息畅通。

（5）我承诺在履行岗位职责的过程中起到模范带头作用。

（6）我承诺认真完成量化评比职责，总结经验，制定改进措施。

（7）根据《班级常规》的有关规定，我有权提出"班级制度"的修改建议，有权提出有关"评价激励"的提案。

11. 文体组长工作职责

（1）我协助文体部，具体负责班级文娱活动的组织工作。

（2）我负责安排团队（体育课除外）各项体育活动，包括跑步、课间操、体育活动课、队列体操比赛、运动会等各项活动的开展。协助运动会活跃会场的各项活动的组织。合理组织丰富多样的体育比赛，活跃同学们的学校生活，增进班级团结。

（3）我承诺在履行岗位职责的过程中起到模范带头作用。

（4）我承诺认真完成量化评比职责，总结经验，制定改进措施。

（5）根据《班级常规》的有关规定，我有权提出"班级制度"的修改建议，有权提出有关"评价激励"的提案。

12. 实践活动组长工作职责

（1）我协助实践活动部长工作，协助组织社团活动、公益活动、社会实践活动。

（2）我承诺在履行岗位职责的过程中起到模范带头作用。

（3）我承诺认真完成量化评比职责，总结经验，制定改进措施。

（4）根据《班级常规》的有关规定，我有权提出"班级制度"的修改建议，有权提出有关"评价激励"的提案。

13. 团队学科联系人职责

（1）我配合学科科代表开展工作，向学习团队长负责。

（2）我协助科代表，完成作业布置、作业与试卷的收发、成绩记录等常规工作，组织并反馈队员的学习任务完成情况。

（3）我协助科代表完成课堂组织与管理，组织本队同学完成2分铃学习准备。维护班级的课堂学习秩序。对不认真者可批评、惩罚。

（4）我承诺积极承担作业晨检工作。

（5）我承诺在情况允许的前提下，组织本学科的学习互助组和社团活动，带动本学科学有所长的同学，使其长处发展更快。同时，帮助学习后进同学取得突破和进步。

（6）我协助开展智力竞赛、学科竞赛、演讲会、辩论会等群体性活动。

（7）我协助完成同学期中、期末考试科目学习活动。

（8）我承诺在履行岗位职责的过程中起到模范带头作用。

（9）我承诺认真完成量化评比职责，总结经验，制定改进措施。

（10）根据《班级常规》的有关规定，我有权提出"班级制度"的修改建议，有权提出有关"评价激励"的提案。

4. 岗位培训

无论是班主任还是班级同学，在日常学习生活中对于班干部的要求与期待主要集中在以下几个方面。

（1）班干部以身作则，起到模范带头作用。

（2）积极主动地履行自身岗位职责，管理好班级。

（3）在实践中，不断提升自身的领导水平和工作能力，逐步达到班级工作自主设计、自主组织、自主运行、自主评价、自主完善的目标。

（4）能在班级工作中独当一面，具有良好的合作意识和大局观。

班干部的能力不是天生的，需要班主任的目标指引和岗位技能培训。只有班级中的主体——学生，他们的主动性、积极性被调动起来，责任心被树立起来，创新意识被培养起来，岗位工作能力被提升起来，班主任所做的顶层设计、整体规划才有了落实的基础，班级制度和管理体系才有了完善的可能。

同时，学生主人翁意识的激发、管理技能的提升也为学生的岗位工作成功提供了支撑。任何一名学生都必须找到自己人生的意义和价值，最重要的是体会到时间的价值。这就要求学生必须找到正确的、有意义的事情来做，并在工作实践中真正体会到时间的感觉。班主任必须引导学生在"做事中学会做人"，这既丰富了学生的阅历，愉悦了学生的精神，也提高了学生的综合素养，有利于树立学生正确的人生观和价值观。

岗位培训贯穿于班级成长的全过程，在不同的发展阶段各有所侧重。

班级建设初期，主要采取面向全体学生的岗位培训，侧重于对岗位工作内容和职责要求的解读，通过开展主题班会和印发资料内容自学、交流、讨论等形式，激发和培养学生主人翁意识和岗位责任意识。

班级发展阶段，班级的岗位分配基本完成，针对实际运作过程中出现的问题，岗位培训主要以专题培训和个别指导形式开展，时间上包括工作开展前的前置性培训和学生工作开展过程中或结束后的点评式、总结式培训。对于学生委员会主要负责人，如：常务班长、行政班长（团队长）、学习班长（团队长）、部长、值周班长的培训，主要由班主任承担。对于科代表、学科带头人、团组长、值日班长等岗位责任人的培训，视情况由部门负责人或班主任承担均可。对于专项岗位责任人的培训主要由部门负责人承担。按照"五有五不，四框架"（选自《管理三要》，针对学校班级管理有所改动）的方法，组织例会或专题培训会。

"五有"即开会有准备、有主题、有纪律、有程序、有检查。"五不"即开会不务虚、不抱怨诉苦、不讽刺挖苦、不搞一言堂、不跑题。"四框架"是指开会的顺序和内容，主要涉及好的方面、存在的问题、提出改进措施、布置好下一步工作。专题培训的核心是对于实际工作的分析点评、引导责任人通过交流、分享、研讨、切磋，提升工作意识和技能水平。

作为专题培训的补充，个别指导培训也很重要，此类培训主要侧重于现场的演示、讲解、示范。流程聚焦于"我来做，你来看；你来做，我来看；我再做，你再看；你再做"，落实岗位培训"教扶放"的方法原则。

岗位培训不仅仅是教会学生做什么、怎么做，更是从班级整体层面突出对所有岗位的尊重，激发学生的内心尊严和主动性、创造性。"教做人"相比"教做事"更重要。

5. 岗位责任人的发展类型

（1）岗位称职型责任人。

有基本的意识素养，如目标意识、行动意识、质量意识、责任意识、服务意识、奉献意识、规则意识、自律意识、榜样意识、竞争意识、协作意识、大局意识。

明确把握岗位职责。

掌握基本的岗位工作技能。

（2）岗位出色型责任人。

符合岗位称职型责任人标准，且有较强的实际操作能力。如人际沟通能力、分析总结能力、写作能力、口头表达能力、社会活动能力。

（3）岗位创新型责任人。

创新意识是岗位责任人根据社会、集体、个体生活发展的客观需要，而产生的发自内心的创造意向、愿望和设想，具有开拓性、独立性、联想性、自觉性、发散性、逆向性、综合性的特征。

岗位创新型责任人具备以下特点。

① 问题意识。正如亚里士多德所说"思维从疑问和惊奇开始"，岗位责任人对于日常工作中遇到的问题，应多问个为什么，养成爱琢磨、求方法的习惯。

② 怀疑意识。陈献章说："疑者，觉悟之机也，一番觉悟，一番长进。"怀疑意识与问题意识一脉相通。怀疑意识更强调不为上、不盲从，突破定式思维，在实际中思考，在实践中检验、觉悟，辨伪存真，启迪新思维，创造新方法。

③ 克服懒惰的意识。在班级日常工作中，问题的解决思路常常如火花般稍纵即逝，岗位责任人必须积极克服惰性，遇事积极思考，认真观察，反复推敲，抓住问题解决的灵感和机遇。

④ 独立意识。乔斯坦·贾德说："独立与自由正是我们超脱自我的欲望与恶念的方法。"创新型岗位责任人应该立足团队工作实际，不盲目依赖他人，更不盲从他人的意见。要求有独立的人格，独立获取知识的能力，独立思考、独立钻研、独到见解的能力。

⑤ 自主意识。自主意识主要包括自我控制、自我激励、自主发展，具体落实于自尊、自爱，自立、自理，自律、自控，自育、自强的各方面发展。个体的成长与成功，其核心原因来自个体内部的选择与坚持，岗位责任人应能将注意力集中到选择的事务上，自律自控，克服挫折，迎难而上。

⑥ 实践意识。马克思主义哲学认为，实践是认识的来源，是认识发展的动力，是认识的目的。因而，认识是在实践中产生的。当在实践中产生认识后，形成科学的理论体系，又用来指导，从而提高实践的科学性正确性。班级岗位责任人学习的方法、理论、技巧，必须在实践中得到检验，结合班情、学情和责任人实际工作予以融合与变化。

⑦ 风险意识。有创新就有风险，增强风险意识的目的是确保岗位责任人能够主动识别风险；积极思考风险责任与后果；引起班级成员，尤其是岗位合作者的注意与警觉。更重要的是岗位责任人能够谋定而后动，行动后能够不畏挫折，勇于坚持，敢于思辨。

⑧ 改革意识。改革意识就是进取意识。在班级发展的不同阶段，班情、学情处于动态变化中，一些新问题、新矛盾会出现，一些原有的好制度、好方法也会产生负面的变化。"逆水行舟用力撑，一篙松劲退千寻"，班级岗位责任人身负责任，保持进取精神，养成进取意识，不仅有利于班级工作的开展，更有利于个体的终身成长。

⑨ 合作意识。无论集体还是个体，无论是成长的需要、发展的需要，还是创造、创新的需要，仅靠一个人的知识与能量相对有限。岗位责任人必须具备协调与配合的意识和能力。

⑩ 整合意识。爱迪生是大发明家，一生中有2 000多项发明，平均13

天一项。这么多项发明，对于一个人的有限精力和生命来讲，实在不可思议。爱迪生却把它变成了现实，其中的奥秘在于爱迪生实验室有三个得力助手：第一个是美国人奥特，他在机械方面独具专长，超过了爱迪生；第二个是英国人白契勒，他沉默寡言，善于钻研，常常提一些古怪离奇的问题，给爱迪生以极大启发；第三个是瑞士人克鲁西，他擅长绘图，无论爱迪生的手稿多么潦草，他都能照着制成正式的机械图。此外，还有几个埋头苦干的人给他当助手。

美国在1969年7月16日实现了"阿波罗"登月计划，参加这项工程的科学家和工程师达42万多人，参加单位2万多个，历时11年，耗资300多亿美元，共用700多万个零件。美国"阿波罗"登月计划总指挥韦伯曾指出："阿波罗计划中没有一项新发明的技术，都是现成的技术，关键在于综合。"

无数成功的事例表明，整合意识就是把对事物各个侧面、部分和属性的认识统一为一个整体，从而把握事物的本质和规律的一种思维方法，是按事物内在的、必然的、本质的联系把整个事物在思维中再现出来的思维方法，是凝聚人心、凝聚局部优势形成整体力量的思维方法。

（4）岗位领袖型责任人。

班级岗位培训的高级目标是培养领袖型岗位责任人。为实现这一目标主要从发展岗位责任人活动组织能力、团队管理能力、协调合作能力等方面，开展复合型培训与实践。形式包括资料自学、交流与研讨、主题活动设计与实践等。在充分信任、包容、激励的背景下，通过师生、生生、家校等各要素之间的交流，对于岗位责任人的实践给予关注、指导与点评，引导岗位责任人在实践中感悟、成长。

此外，对于班级岗位培训的实施，除班主任亲力亲为外，应该注意调动教师团队中的专业教师、学生团队中的班干部和有特长的普通学生及学生的父母、亲属等校外人员参与班级岗位培训中。在班级中妥善处理个体与个体、个体与集体的关系，树立"人人为我，我为人人；人人为团队，团队为人人"的价值观，落实班级工作公益性原则，提升班级成员文化道德水平，引导班级成员在班级的成长中付出努力，收获愉悦，增强班级文化凝聚力。

第五章

班级事务的工作流程设计

　　流程就是程序，是一个或一系列连续有规律的行动。这些行动按照确定的方式执行，促使特定结果的实现。一个完整的流程包括初始设置、日常处理、阶段汇总处理三个阶段并通过设计、运行和监管实现流程的功能。

　　在班级管理中，存在大量常规存在的、例行发生的事务，它们维持了一个班级的正常运转并维护了个体与个体、个体与集体、班级与学校、班级与学生家庭、班级与社会的联系与沟通。

　　班级的科学管理就是要将班级中需要经常做的、反复做的常规事务流程化，回避责任人处理班级例行事务的随意性，增强稳定性和安全性，控制管理风险，降低时间成本和人力成本，提升班级管理的效率和质量，提高学生的自我管理能力和对于常规事务的反应速度，最终达到培养学生良好习惯，提高班级整体竞争力的目的。

　　班主任梳理日常工作，可以发现班级日常管理中存在三类占用大量时间和精力或是风险较大的事务，即班级常规管理事务、班级活动和班级突发应急事件。

一、班级常规管理事务

1. 疫情期间请假流程（以我所带班级为例）

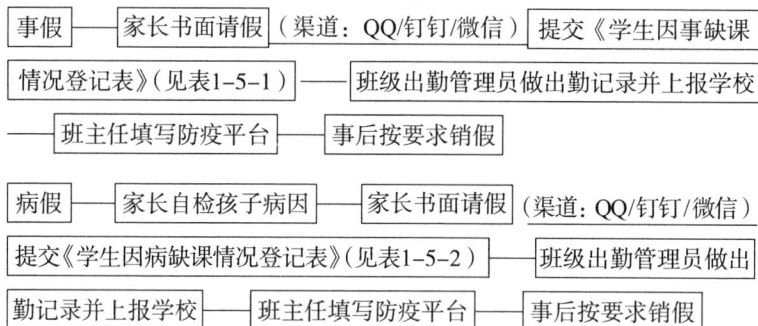

事假 —— 家长书面请假（渠道：QQ/钉钉/微信）提交《学生因事缺课情况登记表》（见表1-5-1）—— 班级出勤管理员做出勤记录并上报学校 —— 班主任填写防疫平台 —— 事后按要求销假

病假 —— 家长自检孩子病因 —— 家长书面请假（渠道：QQ/钉钉/微信）提交《学生因病缺课情况登记表》（见表1-5-2）—— 班级出勤管理员做出勤记录并上报学校 —— 班主任填写防疫平台 —— 事后按要求销假

图1-5-1　流程图

表1-5-1　学生因事缺课情况登记表

年　　月　　日

姓名		班级		团队	
身份证号		性别		年龄	
家长签名		联系电话			
家庭住址所属街道					
请假时间					
请假时长					
事由					

要求：

根据当前疫情形势及最新上级要求，请各位家长一定注意有以下症状的学生必须出具诊断证明方可回校复课，没有诊断证明不能回校：

1. 发热，体温≥37.3℃；

2. 有咳嗽、咳痰、胸闷等呼吸道症状；

3. 呕吐、腹泻、嗅觉味觉异常或其他新冠肺炎相关症状。

有上述症状且须在症状消除后持诊断证明方能复学的学生，应在出现症状后第一时间到学校定点医院或其他正规医疗机构就诊，并保存好病历及相应的检验、检查结果。出现不适症状后从未就诊的，症状消失后到学校定点医院开具诊断证明的，需进行必要的检验、检查。就诊时需在医院预检分诊处报学校名。

所有需出具诊断证明的学生，均需进行核酸检测。

表1-5-2　学生因病缺课情况登记表

姓名			班级		团队	
身份证号			性别		年龄	
家长签名				联系电话		
家庭住址 所属街道						
体温						
症状						
是否就医		是□：就诊医院＿＿＿＿＿＿＿＿＿＿＿＿＿＿ 　　　确诊情况＿＿＿＿＿＿＿＿＿＿＿＿＿＿＿ 否□：居家观察□　其他□ 补充说明＿＿＿＿＿＿＿＿＿＿＿＿＿＿＿＿＿				
托管班 信息	托管班名			托管班地址		
	托管人数			托管老师电话		
乘何交通工具 上、下学						
有无接种史（如水 痘、腮腺炎等）						
请假时间						
请假时长						

2. 疫情期间学生在校生病处置流程（见图1-5-2）

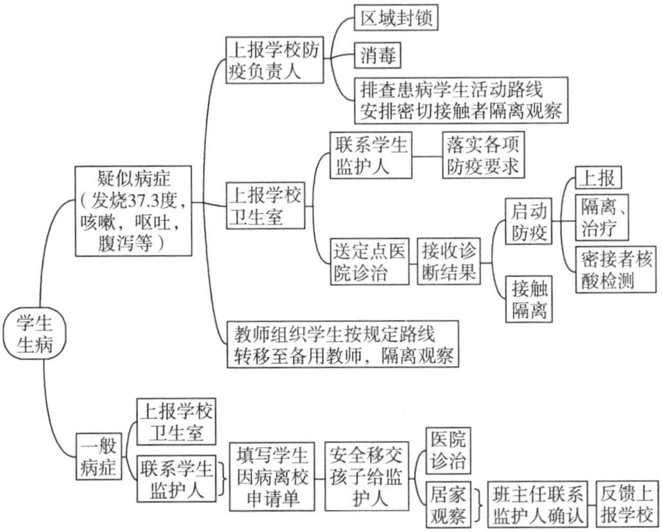

图1-5-2　疫情期间学生在校生病处置流程图

学生生病处置流程的正常运行还需具备以下几个因素。

（1）安全教育常抓不懈，在全体班级成员师生中树立当责、负责意识；经常提醒学生监护人。

（2）班级学生掌握常见伤病的简单处置培训。如伤口消毒与包扎。

（3）班主任和卫生委员掌握校医等有关负责领导、老师的电话号码，熟悉工作流程，熟知路线和有关处室位置。

（4）班主任和班级干部掌握完善的班级通讯网信息。

（5）班级成员，尤其是值日班长要做有心人，注意观察，发现异常，及时询问，及时处置。

3. 书面作业收发流程（见图1-5-3）

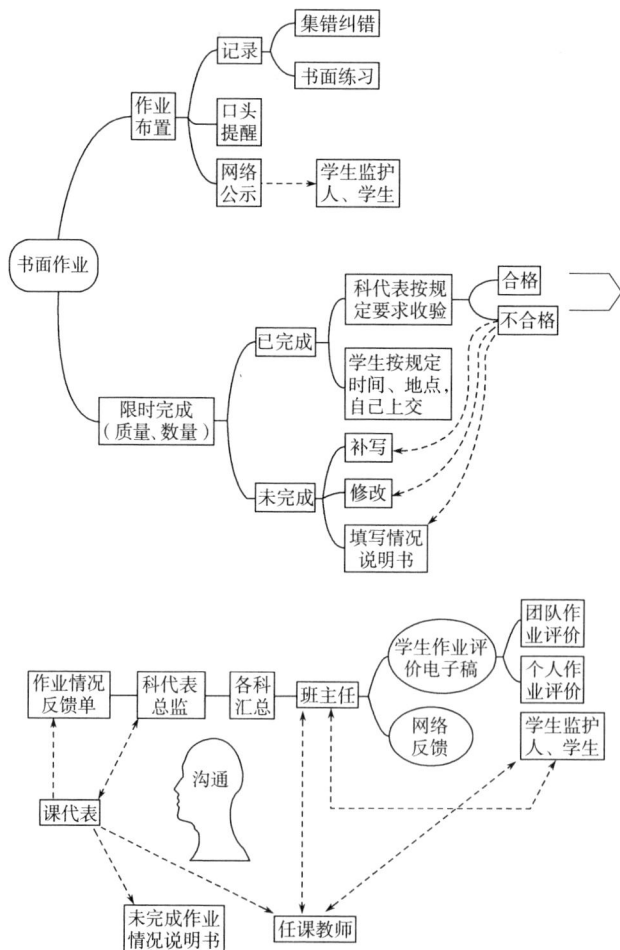

图1-5-3 书面作业收发流程图

4. 口试活动流程（见图1-5-4）

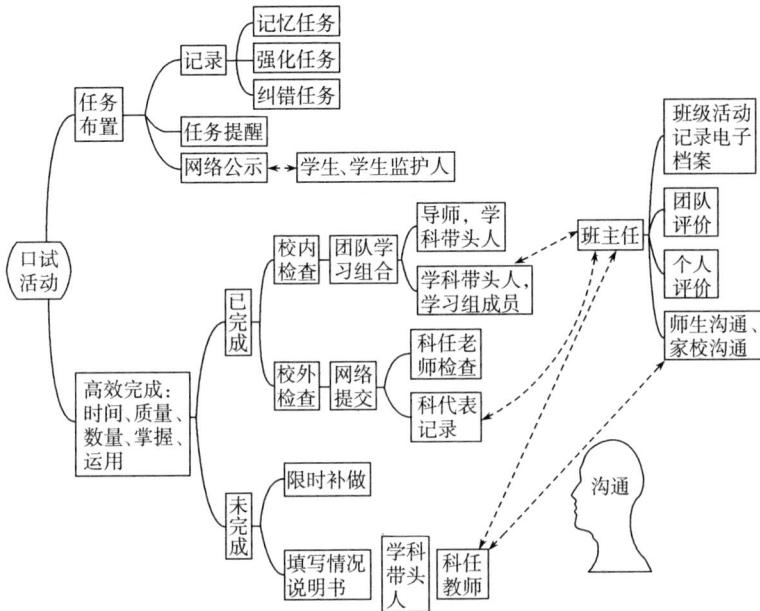

图1-5-4　口试活动流程图

5. 课前准备组织流程（见图1-5-5）

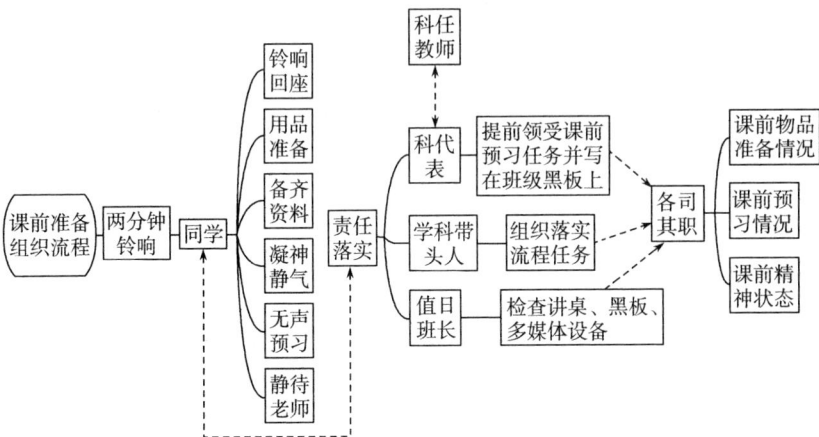

图1-5-5　课前准备组织流程图

6.课堂秩序管理流程（见图1-5-6，表1-5-3）

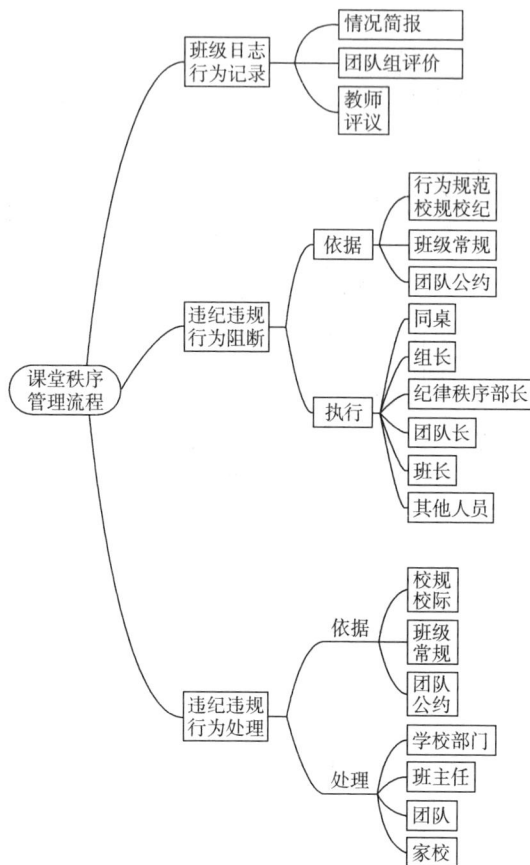

图1-5-6　课堂秩序管理流程图

表1-5-3　课堂秩序情况团队评价表

项目 科目	团队组评价								情况简报		教师 评议
	1-1	1-2	1-3	1-4	2-1	2-2	2-3	2-4	良好行为	违纪违规	
语文											
数学											
外语											
体育											
物理											
化学											
历史											
政治											

续表

项目\科目	团队组评价								情况简报		教师评议
	1-1	1-2	1-3	1-4	2-1	2-2	2-3	2-4	良好行为	违纪违规	
地理											
生物											
音乐											
美术											
信息											

二、教室环境维护流程（见图1-5-7）

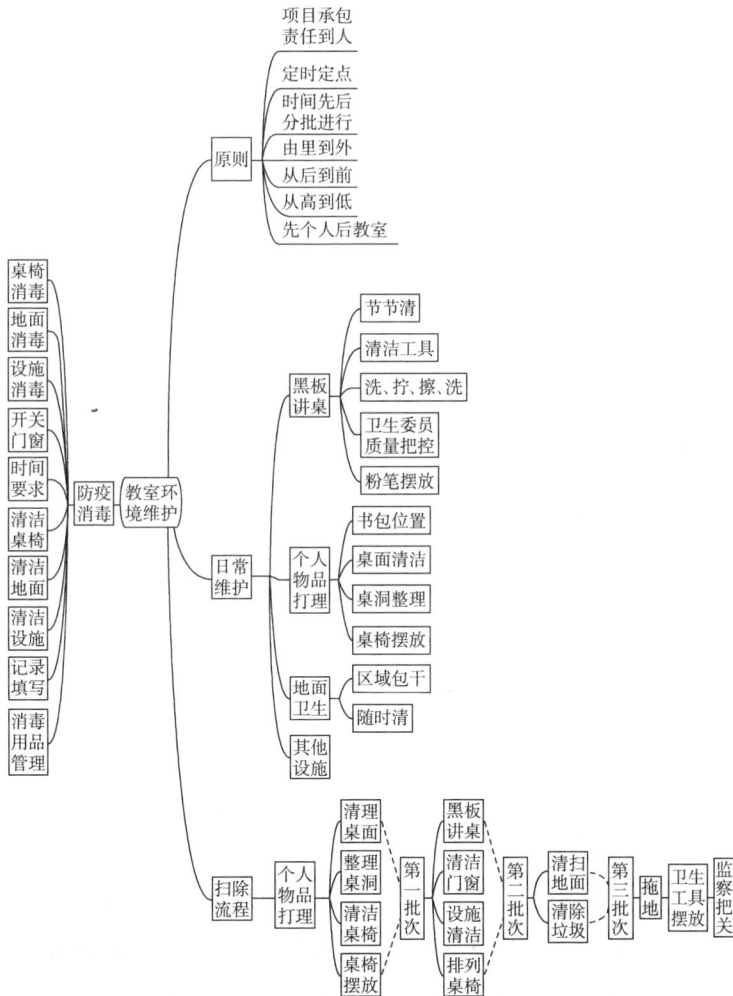

图1-5-7　教室环境维护流程图

三、学生违纪违规行为处置流程（见图1-5-8）

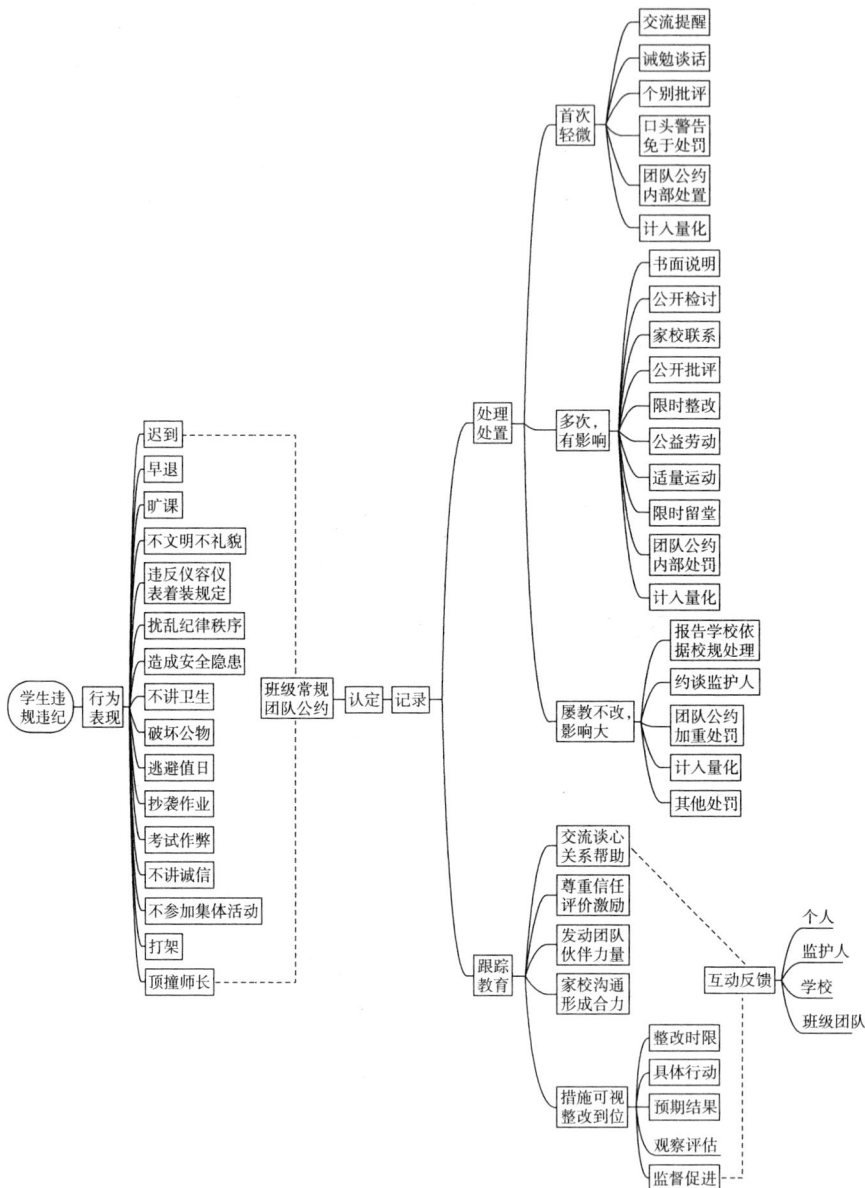

学生违规违纪

行为表现
- 迟到
- 早退
- 旷课
- 不文明不礼貌
- 违反仪容仪表着装规定
- 扰乱纪律秩序
- 造成安全隐患
- 不讲卫生
- 破坏公物
- 逃避值日
- 抄袭作业
- 考试作弊
- 不讲诚信
- 不参加集体活动
- 打架
- 顶撞师长

班级常规团队公约 → 认定 → 记录

处理处置
- 首次轻微
  - 交流提醒
  - 诫勉谈话
  - 个别批评
  - 口头警告免于处罚
  - 团队公约内部处置
  - 计入量化
- 多次，有影响
  - 书面说明
  - 公开检讨
  - 家校联系
  - 公开批评
  - 限时整改
  - 公益劳动
  - 适量运动
  - 限时留堂
  - 团队公约内部处置
  - 计入量化
- 屡教不改，影响大
  - 报告学校依据校规处理
  - 约谈监护人
  - 团队公约加重处罚
  - 计入量化
  - 其他处罚

跟踪教育
- 交流谈心关系帮助
- 尊重信任评价激励
- 发动团队伙伴力量
- 家校沟通形成合力
- 措施可视整改到位
  - 整改时限
  - 具体行动
  - 预期结果
  - 观察评估
  - 监督促进

互动反馈
- 个人
- 监护人
- 学校
- 班级团队

图1-5-8 学生违纪违规行为处置流程图

对于严重违纪行为以及屡教不改、影响大的违规违纪行为，班主任应该在第一时间报备学校有关部门并启动家校沟通渠道，教育跟踪流程、整改的措施落实，必须多方面配合，形成合力才能预期达成。

四、突发事件处置流程

班主任应定期开展班级突发事件应对预案和处置流程的宣传和培训，做到人人皆知，人人皆会。

1. 学生在校意外伤害事件处理流程

首先，学生在校内时间长，人员相对密集，发生意外伤害事件的可能性一直存在，而由此带来的一系列的调解、赔偿等后续问题可能会占用班主任大量的时间和精力。所以，对于学生意外伤害事故的预防十分重要。

（1）强化安全教育（班会、演练、专题讲座、家长信、签订安全责任书等）。

（2）强化安全检查，消灭安全隐患。

（3）强化安全制度，落实团队安全责任。

（4）加强干部巡视，落实值日班长岗位职责。遇到同学个人不安全行为或同学间追逐哄闹等不安全行为时，及时劝阻、处置。

（5）提倡购买意外伤害保险。

其次，班主任应该设计环节、内容比较完善，可操作性比较强的"意外伤害事件"处置流程（见图1-5-9），平时加强演练，用时避免慌乱。

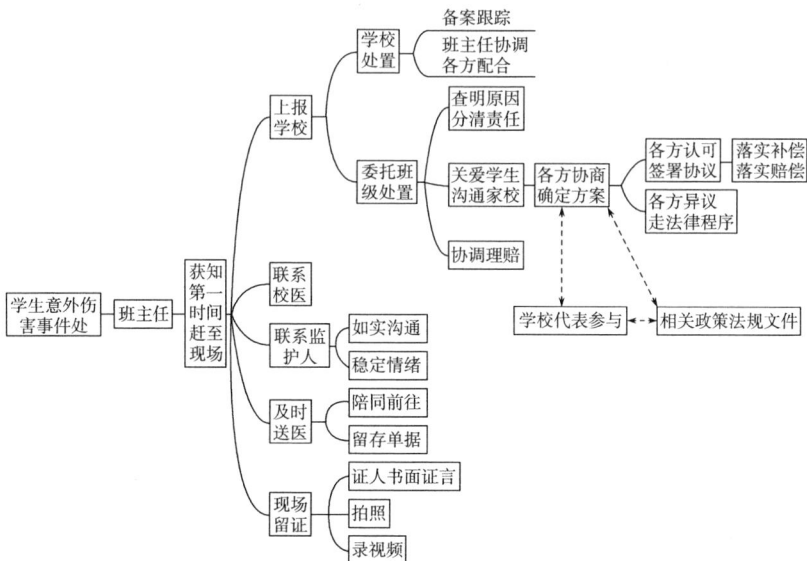

图1-5-9　意外伤害事件处置流程图

2. 学生在校打架事件处理流程（见图1-5-10）

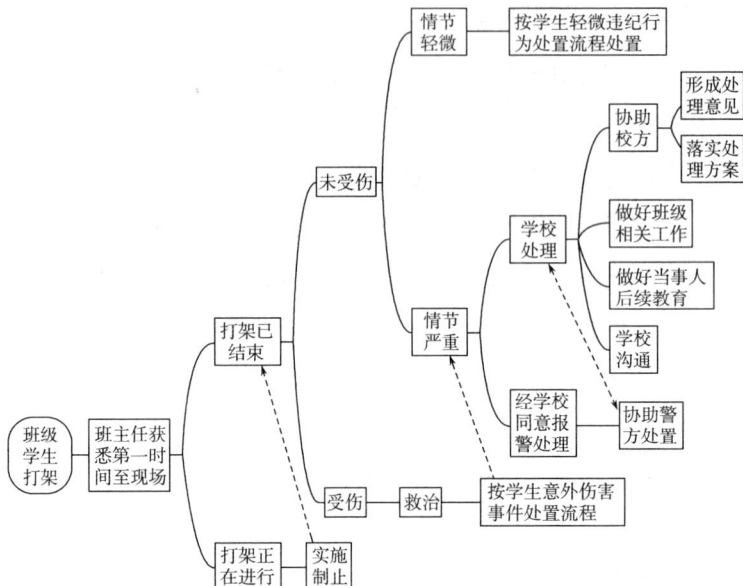

图1-5-10　学生在校打架事件处理流程图

3. 班级间冲突处理流程（见图1-5-11）

处理原则如下。

（1）缓解矛盾，而不是激化矛盾。

（2）公平公正，有理有据，不偏不倚。

（3）当事班级沟通交流，共同商议。

（4）后续教育，化害为利。

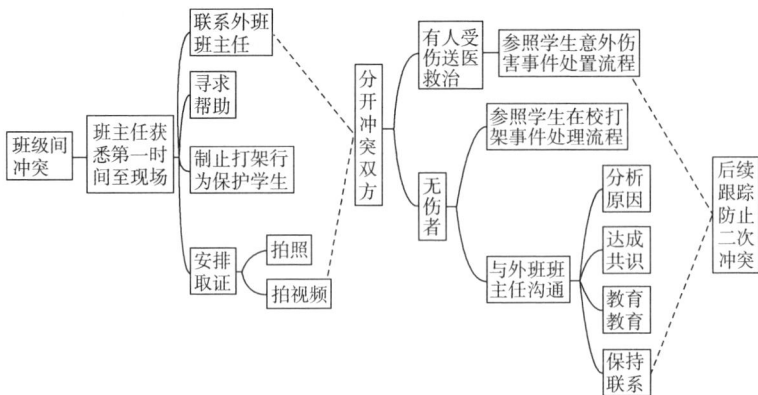

图1-5-11　班级间冲突处理流程图

4. 师生冲突处置流程（见图1-5-12）

和谐班级的建设离不开和谐的师生关系。建班伊始，班主任就应在家校联系中引导学生监护人共同参与，在班级团队内营造尊师重教的风气；在班级宣传中建立学科园地，推介班级科任老师，帮助学生熟悉教师教学风格；建立班级信箱等师生交流平台，引导师生有效沟通，增进了解，改

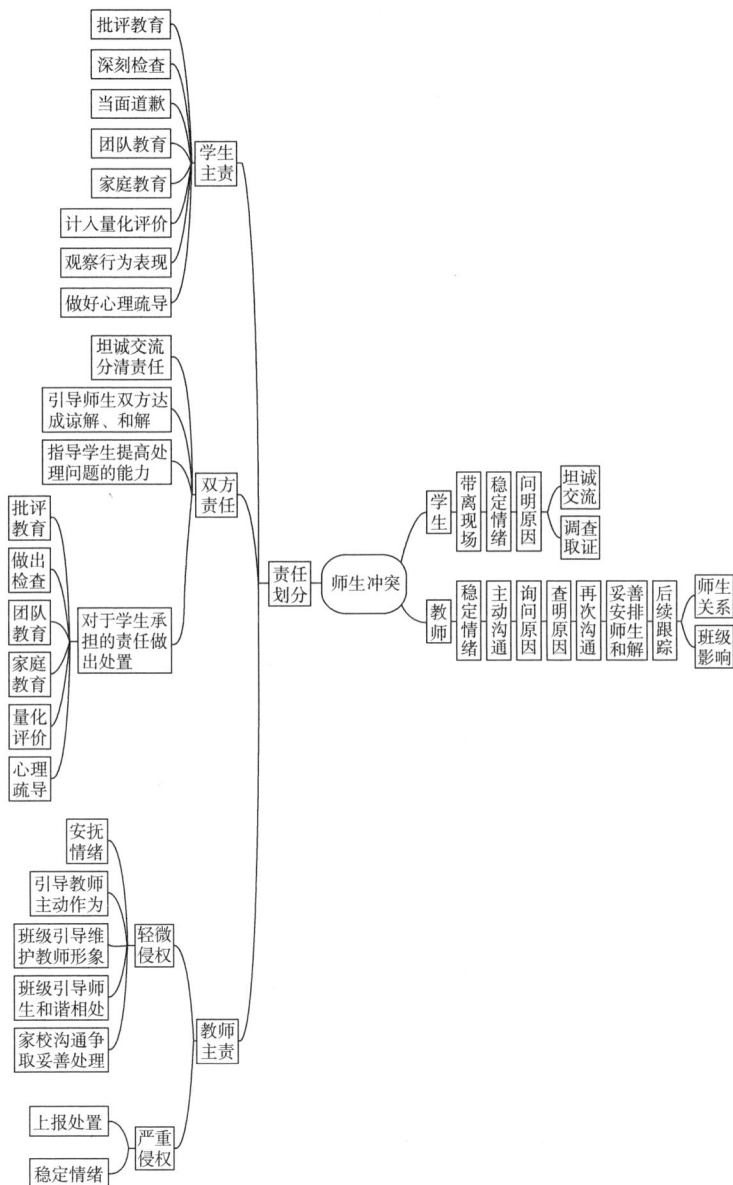

图1-5-12　师生冲突处置流程图

善关系；在班级中积极推介导师制，邀请科任老师参与班级经营，在活动中培养、提升师生关系；班主任要发挥桥梁作用，尊重、关心、爱护全体学生的成长，尤其应关注学生的心理和情绪变化并实时将班级学情、舆情反馈给科任教师；班主任要保持与科任教师的联系与交流，随时沟通对于班级和学生的看法、意见，引导师生增进理解，化解矛盾。

5. 校内地震避险流程（见图1-5-13）

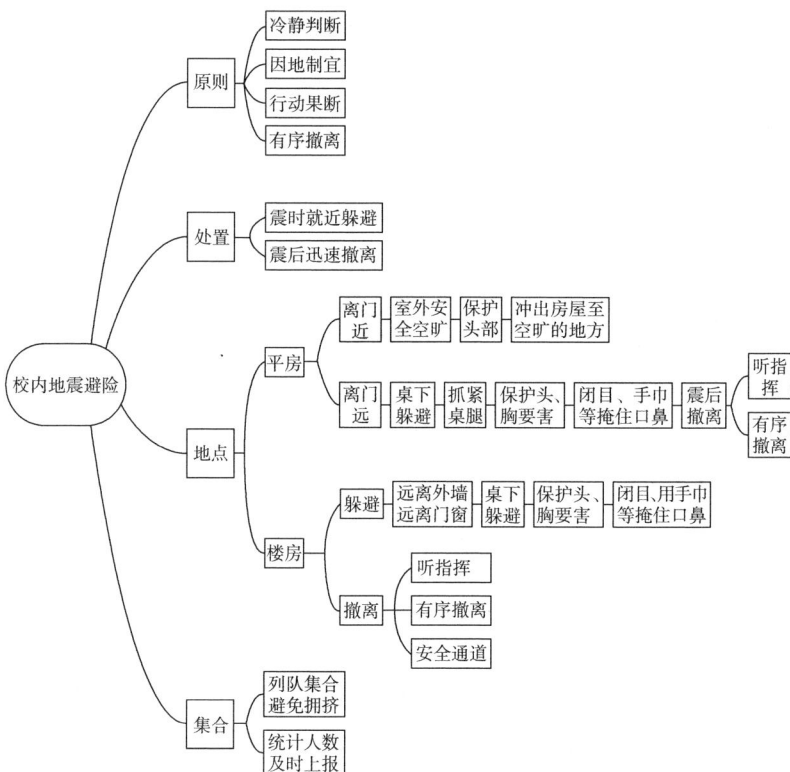

图1-5-13　校内地震避险流程图

6. 校内火灾避险流程（见图1-5-14）

流程的制定和使用，源于班级管理的实践，成长于班主任的思考与智慧、学生与学生家庭成员的理解与支持，成熟于班级事务责任人的实际操作。这是一个渐进的、更新、完善、优化的过程。

流程的制定以班情、学情实际为前提，以班级制度为基础，强调制度建设、制度管理，突出严谨和规范，并通过在学生中广泛宣传、对学生进行专题培训、流程实践过程中的演示演练而被班级的师生、学生所在的家

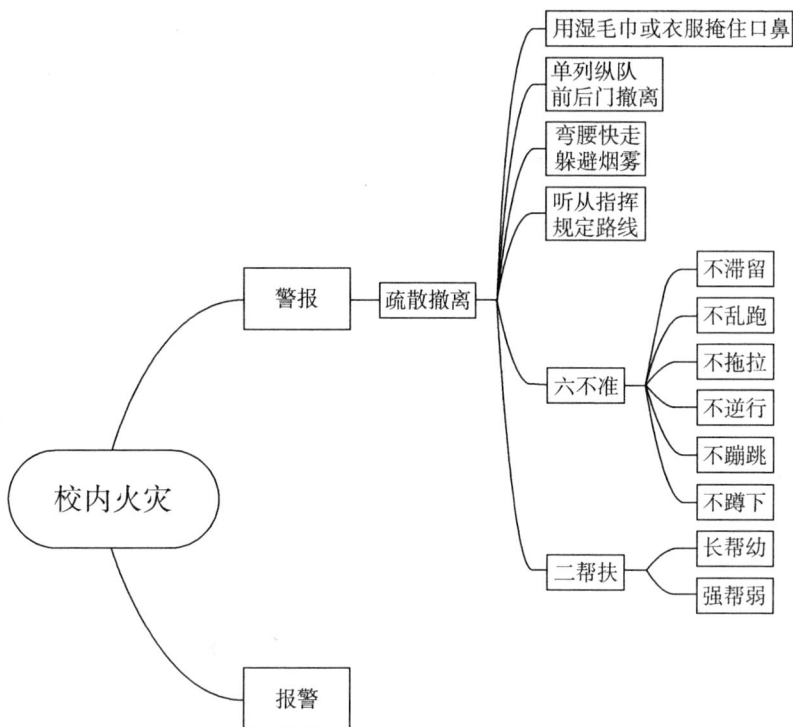

图1-5-14　校内火灾避险流程图

庭所熟知和掌握。所以说，班级事务的工作流程既是班主任进行班级经营和管理的参考，也是学生参与班级管理的抓手和标准，是实现班级事务处理由"人治"向"法治"转变的有力保障；既是对班主任的解放，更是对班级各方面力量的调动和解放；既是对班级建设与发展的有力支持，更是对班级师生的有效保护。

五、班级一日课余时间安排流程

"时时有事做，事事有时做。"这是我刚工作时，在魏书生先生的《科学管理班集体》中看到的话。在这句话的实践中，课余时间的安排是班级管理中的难点。课余时间是学生的自由支配时间，班级管理的基本思路在于引导而不是强制。用积极的、有意义的事，引导学生的注意力，吸引学生参与，有"事"可做，并针对出现的问题和现象，发挥团队的组织力量，共商要求，树立意识，养成习惯，落实于行为与行动，凝聚形成班级成员共同的精神追求。班级成员共同的价值观才是使校内与校外的课余时间变得有意义的根本力量。

以我所带班级的校内课余时间安排表为例（见表1-5-4）。

表1-5-4 学生校内课余时间活动安排表

	时间	活动	主持人	要求	监察责任人	备注
早间	7：00～7：20	交作业	科代表	不喧哗、不吵闹，不闲聊	科代表总监	入座即静
		整理物品，课前准备	组长	不喧哗、不吵闹，不闲聊	值日班长	
		早间背诵	学科带头人	集中精神，默背、默写	组长	黑板公示
	7：20～7：25	继续早间背诵	学科带头人	集中精神，默背、默写	组长	黑板公示
		科代表整理作业	科代表	不喧哗、不吵闹，不闲聊	科代表总监	
	7：25	本日工作提示	值日班长	停止交作业，安静，记录	值周班长	
				科代表统计交作业情况	科代表总监	
	7：25～7：30	好书推荐	学科带头人	全体入座，进入上课状态	学习班长	
午间	11：55～12：30	午餐、饭后散步	团队长	不喧哗、不打闹	行政班长	
	12：30～12：40	自查卫生，整理物品	组长	入座即静	值日班长	
	12：35	午间检查	值日班长	各自准备，各负其责	值周班长	
	12：40～12：55	午间自修	组长	无声自修，限时高效	学习班长	自主确定内容目标
	12：55～13：20	午休	团队长	讲下窗帘、关灯、室内静音	纪律秩序部长	
	13：20～13：25	每周一歌	文艺部长	大声齐唱，振奋精神	行政班长	提前一周确定公示
	13：25～13：30	下午课前准备	科代表	入座即静，准备物品，自学	值日班长	

	时间	活动	主持人	要求	监察责任人	备注
清校前	16：20～16：40	每日1 000米	体育部长	整齐划一，不喧哗、不打闹，不闲聊	行政班长	
	16：40～17：05	放学前的准备工作	科代表	记录作业	科代表总监	提前联系学科教师
		学习难点提示	学科带头人	讨论、质疑、思考	学习班长	提前收集，中心组讨论
		检查地面卫生	卫生委员	各自准备，不喧哗、不吵闹，不闲聊	值日班长	
		摆正桌椅	公物委员	各自准备，不喧哗、不吵闹，不闲聊	值日班长	
		每日总结	值日班长	入座，安静	值周班长	班级日志
	17：05～17：30	打扫卫生	劳动部长	按值日表职责分工要求做	值日班长	
	17：30	清校	值日班长	放窗帘，关灯，关设备，关门窗	值周班长	

班级的时间管理建立在自然时间之上，同时又赋予自然时间以活动意义和文化追求。这种社会性时间的效率依靠人的管理。所以，每一个时间段的活动都有主持人和管理负责人进行监督、维护、记录、反馈和评价激励。班主任的职责就是带动学生广泛参与时间管理，教育和引导学生有效管理时间，最终实现学生的自主管理、自主教育、自主发展。

第六章

班级管理中的岗位监察

一、班级岗位监察的目的和意义

岗位责任人的管理能力是从哪里获得和提升的呢？美国经济学家、"现代管理学之父"彼得·德鲁克曾经说过："管理不在于知，而在于行；其验证不在于逻辑，而在于实践。"岗位责任人的能力是在长期的实践、监察、反馈、改进的过程中获得认可、改进、创新与提升的。

为了确保岗位职责的落实，应激发并培养岗位责任人的积极性、主动性、自觉性，树立并保持责任人的主人翁责任感和自律自控意识，提升班级管理质量。岗位设立后，必须对班级岗位的运行状态和工作效果实施监察。

班级岗位监察包括责任人自查、团队内互查、班级评议、班级专项检查、班主任或科任教师评议等多种方法，形成书面评语、口头评价、班级量化激励等不同的反馈方式。不同的监察方式，其实施的时间和频率也有所不同。自查、团队互查在学期开始前应该有规划与设计，形成常规条例；班级的巡查和专项监察则应该随班级的动态发展，结合具体情况，灵活实施。

我们应该明确，监察只是教育手段而不是教育目的，监察的结果与评价反馈是教育的过程而不是教育的结果。与此对应的是监察制度的建立与完善，包括监察人员的选拔任用，监察人员的教育与培训，监察的标准、流程方式，结果的记录，结果的反馈与评价、跟踪与复核等。

监察的目的是提醒、激励和提升。为达到这个目的，首应先无条件地尊重学生、充分地信任学生，依靠学生、以学生为本，以提升学生素养为班级工作的目标。班级的岗位监察就是通过不同的组织方式引导岗位责任人发现自己做过哪些工作、哪些工作做得满意、哪些工作做得有欠缺、在自己的工作实践中获得了哪些经验和感悟、责任人对自身和班级工作的意见和建议等。

从岗位评议的反馈层面来看，对于监察中发现的工作亮点，班主任可以通过班级各种渠道公开表扬表彰、大力宣传，树立榜样典型，形成辐射带动效用，凝聚班级文化核心；也可以通过给学生监护人写表扬信、家校联系平台上发通报嘉奖等方式，将班级与家庭的教育力量联系起来。对于发现的问题，班主任要有耐心，肯倾听，多沟通，多表扬，多鼓励，慎批评，通过与班级岗位有关团队、有关人员的协作交流，分析问题原因、提出具体的改进方案并跟踪核查改进效果。

二、岗位管理与班级文化核心取向的一致性

班级文化建设目标就是要凝聚班级力量，树立学生的意识，培养学生的习惯，教育引导学生内在产生积极的变化。这种团体文化的凝聚与成长依靠班级的制度与组织建设、成员的素养提升，拓展于家校合作，更与班级各个岗位做事的流程与评价息息相关。一个团体的管理评价制度就是要调节、改变岗位责任人的意识、习惯，将个体价值观与整体文化核心统一协调起来，形成良性互动、共性融合。可见，班级岗位评价管理与班级文化的核心取向应该是高度一致的，体现出班级整体的价值观。所以，对于班级岗位责任人的选择，价值观的考察处于绝对优先地位，选人用人，需要"德才兼备，以德为先"。

"德"的组成因素有很多，其中，我认为最为重要的是责任心。对于中小学生来讲，他们责任心的不稳定性是常态。那不同的责任心水平对于班级管理又会带来什么影响呢？我们不妨从现代管理学中寻找一下思考的路径。

100%的责任感——尽职尽责者：在负责任这件事上，是个完美主义者。自己"一亩三分地"中的事全力以赴，尽职尽责，对于过程和结果均一丝不苟，甚至有些吹毛求疵。但自己的做事范围有硬边界，绝不外溢也坚决拒绝外来。

80%的责任感——保护主义者：自恋型的责任人。工作上自视很高，可

以做分内事，但自我要求不高，缺乏目标，做事因循守旧，缺乏创新，对待成功缺乏激情，长期等待享受体系中的"大锅饭"分红；对待失败，习惯自我安慰，自我解脱，不善于自省。

60%的责任感——受害者：漠视或否定问题的存在；问题产生后，热衷于推卸责任，尤其是指责其他人；面对问题，不知所措；面对问题，采取回避的态度，热衷于"车到山前必有路，船到桥头自然直"。

20%的责任感——受害颓丧者：负责的事情"一团糟"，成败与否均没无所畏惧，泰然处之，甚至幸灾乐祸，乐此不疲。权力与责任、义务与权利、个人和团队的联系均是"浮云"，是整个团队工作的旁观者、破坏者。

低于100%责任感的责任者，均是责任感的内缩型表现，其价值观、意识、态度、行为均已偏离了班级文化的核心取向，成为班级成长体系的精神有理者，将自身和班级团队的发展引向失败的方向。

在金字塔形的组织管理结构中，部门的管理存在层级关系，部门与部门之间有较为明显的职责范畴的硬边界。这在班级发展的初始阶段，提高了班级管理的效率，岗位负责人的责任感和工作能力在工作实践中得到强化和提升。

但是，随着班级管理体系面对的事务层面不断扩大，问题的复杂性也会越来越大，许多问题所涉及的岗位部门呈现出交叉性。而从上面的工作责任感分析中，我们可以看出，即使100%责任感的尽职尽责型岗位负责人也存在被动性，这就造成班级管理中存在漏洞，形成事实上的推诿与拖延，降低了班级管理效率。

所以，班级岗位监察体系与评价激励机制应该发掘并鼓励超过100%责任感的责任人，培养"当责任者"。建立班级事务首位负责制，即第一个面对问题的部门自办或交办，均不影响全程负责，把控质量、效率和结果。班级文化推崇负责、当责的责任意识，班级岗位监察与激励机制就不能设计为"做事失误扣分制"，因为做事圆满是愿景。我们可以通过跨部门整合、培训、演练等机制提高做事的成功率，但不能因此降低容错率，扼杀岗位责任人当责不让、交出成果的主动性意识，全心全意工作的创造性意识。可见，班主任在岗位监察制度和评价激励机制设计上，必须要与班级文化核心的内容对比检视，以便达成文化与制度的一致性和融合性。

班级的文化、岗位的设置、岗位的监察与评价激励是一脉相承的。其中，岗位评价激励机制是班级评价体系的重要组成部分。它最能反映班级的文化取向、管理水平，最能体现"以人为本"的发展观，引导作用发挥最直接也最迅速。

从我所带班级的多元奖励项目设置来看，荣誉班长、优秀部长、优秀科代表、优秀学科带头人、互学互助星、劳动实践模范星……班级对所有岗位，无论岗位高低均设置奖项，有岗有评，一岗一评。事实上，每学期的奖励表彰中，岗位评价的奖励项目最多，获奖人次也最多。我所倡导的"你闪光，我发现；你的一丝闪亮，我都报之以阳光"，就是为每一名学生提供被认可的平台，更重要的是为每一名踏实肯干的学生提供获取自我肯定的成长平台。

三、岗位监察的组织方式

岗位监察从评价主体组织范畴来看，常有责任人自评（自评表、述职报告、公开述职答辩）、团队内评议、班级评议、班级专项检查等组织方式，从评价的结果来看常有书面评语、个别谈话、座谈会评议、投票评选，计算分值等多种组织方式。

班级体系中有什么岗位就应该有什么岗位的评价，评价是针对具体岗位的工作过程与结果做出的，所以不可不做，也不能没有中心，没有事实，泛泛而谈，空发议论。班主任或班级职责部门通过观察、检查、调查等方式，依据班级岗位职责制度的规定，制度性地对各个岗位上的学生的工作情况做出定期评价。这种评价不给学生贴标签，而是通过对责任人前期工作的总结，梳理思路，提升工作态度，从而对责任人今后的工作起到指导作用。

第二篇

班级的人本管理

由F.W.泰罗提出的科学管理理论着重强调管理的科学性、合理性、纪律性，将其运用到班级建设之中，可通过制度的建设、流程的完善以及配套的评价激励措施，提升班级管理的效能。其突出优势在于实用、见效快；学习简单，上手快；可借鉴性、操作性较高。班级在建设及发展过程中，尤其在常规管理项目方面，离不开科学管理班级的思维和方法。

但是，科学管理的核心是提高效率。为了这一核心，在一定程度上说，人会被看作控制对象。为了控制目的，容易忽视对学生个体的重视。班级的主体是学生，作为发展中的人，其思想、情感、需求与期望，尤其是社会性的发展特性需要被关注、被认可，需要在比较的架构中获得自我评估的重建与成长。而这些需要在科学管理的体系中容易被压制和忽视。这容易使学生在班级生活中变得紧张、无聊和劳累，从而引发学生的不满情绪以及消极行为。师生关系、生生关系也容易出现问题。同时，班级建设的复杂性、创新性使班级的发展需要新的管理思维与方法。

20世纪三四十年代出现的人本管理思想将工作核心转向对人的定位，以人为本、把人视为发展的基本要素和动力成为这种思想的基础。说到人本管理，就不能不提到霍桑实验。

霍桑实验是指1924—1932年美国哈佛大学教授梅奥主持的，在美国芝加哥郊外的西方电器公司霍桑工厂所进行的一系列实验。

（1）照明实验（1924年11月至1927年4月）。实验假设是"提高照明度有助于减少疲劳，使生产效率提高"。但是，经过两年多的实验发现，照明度的改变对生产效率并无影响。

（2）福利实验（1927年4月至1929年6月）。自1927年起，梅奥教授开始主持实验工作。实验目的是查明福利待遇的变换与生产效率的关系。但是，经过两年多的实验发现，福利待遇的变化对于产量的持续上升没有明显影响。后经进一步分析发现，导致生产效率上升的主要原因是工人参加实验的光荣感、在组织中被重视的自豪感以及组织成员间良好的相互关系。实验发现，个人态度在决定人的行为方面起到重要的促进作用。

（3）访谈实验。研究者的最初想法是要工人就管理当局的规划和政策、工头的态度和工作条件等问题做出回答，但这种规定好的访谈计划在进行过程中远远超出设计者的初衷，得到意想不到的效果。工人想就工作提纲以外的事情进行交谈，认为重要的事情并不是公司或调查者认为意义重大的那些事。访谈者了解到这一点，及时把访谈计划改为事先不规定内容，每次访谈的平均时间从30分钟延长到1～1.5个小时，多听少说，详细记录工人的不满和意见。访谈计划持续了两年多。工人们长期以来对工厂的各项管理制度和方法存在许多不满，无处发泄，访谈实验恰恰为他们提供了倾诉机会。倾诉过后工人们的心情舒畅，士气提高，从而使产量提高。

（4）群体实验。实验者原来设想，实行计件奖励办法会使工人更加努力工作，以得到更多报酬。但结果表明，产量只保持在中等水平上，每个工人的日产量平均差不多，而且工人并不如实地报告产量。深入调查发现，这个班组为了维护他们群体的利益，自发形成了一些规范。他们约定，谁也不能干得太多，突出自己；谁也不能干得太少，影响全组的产量，并且约法三章，不准向管理当局告密，如有人违反这些规定，轻则挖苦谩骂，重则拳打脚踢。进一步调查发现，工人们之所以维持中等水平的产量，是担心产量提高，管理当局会改变现行奖励制度，或裁减人员，使部分工人失业，或者会使干得慢的伙伴受到惩罚。

这表明，为了维护班组内部的团结，工人可以放弃物质利益。梅奥由此提出"非正式群体"的概念，认为在正式的组织中存在着自发形成的非正式群体。这种群体有自己特殊的行为规范，对人的行为起着调节和控制作用。同时，加强了内部的协作关系。

现代人本管理理论的根基得益于梅奥等人通过霍桑实验建立的人际关系学说。以人为本的班级管理对人的认知不再是科学管理思维下的"经济人"，不再是从事简单重复工作的工具，而是有心理需求的"社会人"。班级中的个人具有社会关系发展的需求，也具有心理发展的需要。他们需要在自身内在意义的满足和自我评估的发展中获得成长。以人为本的班级管理需要班主任更加重视自己的领导方式、沟通方式和激励方式，更加关注学生的需要和感受，在尊重、信任、关心、激励的原则下，着力使班级成员体验通过实践活动获得真实的光荣感和自豪感；着力于建设班级组织内通畅的沟通机制和情绪调节机制；关注班级中正式组织建设和非正式组织的引导，着力于缔结团结、和谐、互帮互助的良好的师生关系、生生关系、家校关系、家庭亲子关系等人际关系，着重落实"好关系打造好班级"的实践。

人本管理把人的成长视为班级工作的核心，但并不是忽视班级管理的效能要求，也不是弃用科学管理的思维方法。班主任要把科学管理与人本管理的思维、方法、技术结合起来，重视对学生的人文关怀，全面了解学生，在全面掌握班情、学情的基础上，在尊重学生权利、关注学生感受和需求的前提下，把学生摆在班级管理的主体地位上，让学生真正参与到工作目标的决策之中，实践并落实班级制度、流程、监察、评价、激励等系列工程，以挖掘班级的隐形力量，促进和谐班集体的建设。

第一章

班级人本管理的理论基础

马斯洛需要层次理论把人的需要从低到高分为五个层次：基本生理的需要、安全上的需要、情感与归属的需要、尊重的需要、自我实现的需要。除五种基本需要之外，还有求知的需要和审美的需要，其居于尊重需求与自我实现需求之间。

马斯洛认为，当人的低一级层次需求被满足之后，会转而寻求实现更高层次需要的方法。越是所谓的"学困生"，就越有跃上高层次的愿望和需求，有为实现更高层次的目标而蕴藏的潜力。因此，班主任要将班级的各项工作与满足学生自我实现的需要这一目标结合起来，在实践工作中激发学生的积极性和创造性，挖掘其内在的潜能，满足其心理需求，激发其创新意识和创造力。

班级作为学生在校生活的基本组织单位，在推进班级人本管理过程中，是如何发挥作用的呢？系统组织理论创始人、现代管理理论之父切斯特·巴纳德认为，本质意义上的组织是有意识地对人的活动或力量进行协调，是有意识地协调两个以上的人的活动或力量的一个系统。简而言之，组织是由人、人的活动、人的活动关系、人的活动关系组成的系统。在这个系统中，人既是自由的、独立的，又是与组织有各种联系、与组织密不可分的，人的各种活动就是组成系统的元素。可见，落实人本管理的基础是协调个人与组织的关系，在人的自由意志与组织的整体要求间达成相互协调，也就是培养学生的集体意识，并做到自由意志与集体意识的协调。那么，人本管理体系中如何培养学生的集体意识呢？

（1）班主任是班级的组织核心，应加强学习，提升综合素养和人格魅力，扩大影响力，将班级成员吸引并团结到自己的周围。

（2）班级发展目标和发展预期，来自师生之间的充分了解和平等的沟通交流，是彼此阅历、生活、学习等的共性与特性碰撞后的最大公约数，而不是仅仅出自班主任一人之手，更不是通过闭门造车、乾纲独断的方式凭空想象出来的。

（3）一个优秀的班集体，一定有明确合理的发展目标。班主任在班级管理实践中要努力将班级目标融入每一名班级成员的头脑之中，形成共识。更重要的是，要提升班级共同目标和预期利益对于学生个人思想、行为的引导作用，并努力将这种引导置于主导的地位。

（4）班主任应主动将集体目标合理分解，让班级学生全员参与班级事务，承担责任，做出贡献；设计班级活动，为学生创造机会，将个人的工作、学习与集体的目标紧密结合在一起，助力他们获得积极的心理体验，增强班集体的向心力、凝聚力。

（5）注重沟通和协调集体组织内部的关系，尤其是师生关系。

（6）重视班级制度、流程的建立与完善，支持班级系统的正常运转，为班级成员提供有安全感的学习、生活环境；吸引学生广泛参与班级事务，增强每一名学生的存在感和归属感。

（7）优化评价激励机制，打造组织利益共同体，形成荣辱与共、风险均担、利益共享的成长共同体。

（8）重视班级组织环境的建设、氛围的营造、文体活动的开展，拉近成员之间的感情联系。

（9）突出班级文化建设，积极运用集体文化对学生心理、需要和行为方式进行牵引、规范、激励；树立典型榜样，塑造班级文化特质，推动班级精神文化的凝聚与提升。

总之，班级组织是人本管理的载体。在以人为本理论指导下，班主任应根据班级的学情，分阶段实施控制型管理、授权型管理、自主型管理、团队型管理模式，促进个体与集体的成长与发展，建立个人与组织间通畅的信息交流方式和渠道，协调个人需要与集体意识的关系，使其建立起共同的目标，拥有合作的意愿，尤其是个人为班级组织做出贡献的意愿。

第二章

人本管理是建立在尊重基础上的班级管理

学生是班级组织的主体。"好关系打造好班级"，最重要的是打造良好的师生关系、生生关系、家校关系、家庭亲子关系。而这种良好关系的打造，基础是尊重。就班级组织内部而言，班主任要关注学生的状况，关心学生的成长，尊重学生的个性自由，包容但不纵容学生成长中的行为偏差，用心帮助学生解决困难。班主任只有在全面了解学生的基础上，才能理解学生，进而考虑如何满足学生自我实现的需要，帮助学生健康成长。

班主任既要通过日常的观察、班级活动中的接触、班级日志的实录、团队的总结等方式，实现对班情、学情的关注与了解；更要注意调控学生的压力，舒缓他们的情绪。针对学生中出现的"特殊行为"学生，则要重点关注。班主任一般对此类学生先不要急于直接接触，也不要急于下结论，采取措施，应通过密切注意、细心观察、家校联系、周边访谈等方式增加掌握的信息量。在整合信息的基础上，联合校方、专业人士，尤其是心理学方面的专业人士，持续加强家校沟通，多方面寻找帮扶措施。

班主任需要与时俱进，不断提升，努力成为以学生发展为工作中心、具备民主平等的教育理念、深厚的文化修养、丰富的专业知识与技能、掌握基本心理学和家庭教育指导的理论方法的综合型人才。此外，成功的班主任一定是具备同情心的人，一定是耐心的倾听者和观察者，一定是具备情绪智力①的教育工作者，可以通过观察学生的情绪、动作、集体语言等，倾听学生讲话内容、语音语调等细微处表现，体察学生的生活等。关爱每一名学生，让班级成员觉得班级不仅仅是物理意义的聚集体，更是一个温暖的大家庭、一个"心"在一起的团队，往往能使班级工作取得意想不到的良好效果。

现实生活中，人与人之间的冲突大多来自误解，班级组织之内亦是如此。当班主任不能做到全面了解班级成员的时候，遇到事情时难免出现高估自己或低估他人的现象，无法对学生的行为做出合理的解释。频繁的师生冲突、生生冲突破坏了班级的稳定架构和组织的良好关系，减弱了班级成长的力量，给班级和个人造成不可弥补的损失。

学校教育、家庭教育、个体自我教育是相互影响的。

第一，班级成员来自不同的家庭和生活环境。学生所在家庭的家风和家规、家庭中的亲子关系、家庭的生活条件、父母的学历和职业情况等影响学生的习惯素养（见图2-2-1，图2-2-2）。

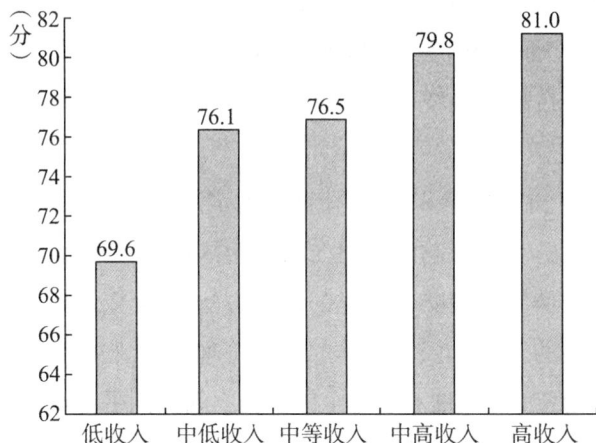

图2-2-1　家庭收入与儿童考试成绩

---

① 情绪智力又称情感智力（Emotional Intelligence），是由美国耶鲁大学萨洛维和新罕布什尔大学玛依尔提出的，他们认为情绪智力是指个体监控自己及他人的情绪和情感，并识别、利用这些信息指导自己的思想和行为的能力。

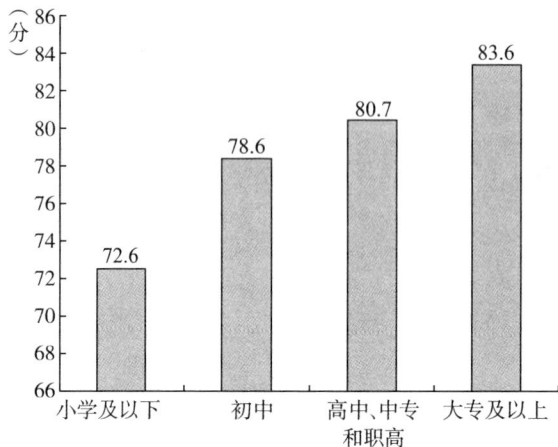

图2-2-2 父母受教育程度与儿童考试成绩

第二，学生自身的性格、兴趣特长、学习习惯、生活习惯、行为习惯，最容易影响自身与他人的人际关系。

第三，学生的志向和目标，影响学生的学习行为和成绩。应该注意的是，这里的学习不仅是指学科学习，而是更多地指向学生为实现自身目标而实践的所有提升内部活力、实现成长的行为和行动。

第四，学生的社会关系。随着年龄的增长、心理和生理的变化，必然带来学生社会性需求的急剧变化。班级组织内的师生关系、生生关系对于学生个体的自我认同和价值实现具有现实性影响。

第五，学生在班级系统中的存在感，是实现班级人本管理的重要基础条件。

第六，学生的文化意识和价值观，决定了个体目标与组织整体发展目标的契合程度，直接影响学生对于班级组织的认同感和班级活动的参与度。可见，相同的教育策略、一样的教育方法，对于不同的教育对象，极有可能产生不同的效果。以人为本的班级管理需要班主任充分了解学生的个体差异，在班级整体发展和学生个体成长之间找到平衡点。

尊重学生就要尊重学生的权利和义务。管理需要制度和方法，在体系化的人本管理中，所有制度的制定和执行必须以尊重学生权利为基本出发点，包括决策权、参与权、监督权、物权、隐私权、名誉权、知情权等。以人为本赋予班级成员自然拥有各项权利的同时，也要求其对班级组织履行相应的义务。学生在班级的组织平台上，通过日常的具体实践，真正体验到作为班级主人翁的存在感、归属感和荣誉感。这会拉近班级与个人、教师与学生、学生与学生之间的关系，促成个人与班级建立更加紧密合作的命运共同体。

尊重班级成员的权利和义务就是要尊重全体师生依法享有的一切权利不受侵害；尊重全体师生共同参与班级教育教学及各项活动的权利；尊重全体师生依法享有使用教育教学设施、设备的权利；尊重全体师生履行各项教育教学义务的权利。现实生活中，没有脱离义务而单独存在的权利，也没有摒弃权利而单独承担的义务。权利的实现要求义务的履行，义务的履行也要满足权利的实现。以我所带班级的《班级共同体成员权利目录》和《班级共同体成员义务目录》为例。

班级共同体成员权利目录

1. 有权利参加教育教学计划安排的各项活动，使用教育教学设施、设备、图书资料。

2. 有权利按照国家有关规定获得奖学金、贷学金、助学金。

3. 有权利在学业成绩和品行等方面获得公正评价，完成规定学业后获得相应的学业证书等。

4. 对学校给予的处分不服，有权利向有关部门提出申诉、申辩。有权利维护自己的基本权利、人身自由、个人财产及隐私不受他人侵犯。对学校、教师侵犯其人身权、财产权等合法权益，提出申诉或者依法提起诉讼。

5. 有权利拒绝参与或执行危及生命、财产安全的违法违纪或不道德的行为。

6. 有权利对学校、班级的教学计划和管理提出异议或合理化建议。

7. 有选举权和被选举权。

8. 在学校教职员工，班级岗位责任人不作为的情况下，有权利向更高级领导反映情况。

9. 有权利参加各项体育锻炼，各类竞赛活动。

10. 男女学生的权利享有公平平等待遇。

11. 有权利享受学校规定的医疗卫生服务。

12. 有权利分享学校、年级或班级的集体荣誉或奖励成果。

13. 有权利向学校、学生会或班级申请成立学生社团组织。

14. 有权利利用课余时间进行社会实践和勤工俭学活动。

15. 有权利依法享受休息权。

16. 对涉及自己权益的文件信息、行为举措，有知情权。

17. 法律法规规定的其他权利。

班级发展共同体，成员义务目录

1. 有义务遵守各级各类法律、法规和班级制度。

2. 有义务遵守学生行为规范，尊敬师长，养成良好的思想品德和行为习惯。

3. 有义务努力学习，完成规定的学习作业任务，遵守作息时间，按时上下课。

4. 有义务遵守所在学校或者其他教育机构的各项管理制度。

5. 有义务维护国家、民族、学校及班级的尊严与荣誉。

6. 有义务维护国家、学校及班级的稳定、团结和利益。

7. 有义务按时缴纳规定的学费和其他费用。

8. 有义务承担本人经手的工作、文件签署、财务收支及言论所带来的责任和后果。

9. 有义务承担因自己的过错、失误而造成的直接或间接责任、损失。

10. 有义务尊重他人的人身自由、尊严、安全、隐私及财产。

11. 有义务爱护学校及班级的公共财产安全。

12. 有义务保守国家、学校、班级的保密、机密及绝密的文件、图文信息及谈话内容不外传。

13. 有义务接受军事国防、劳动教育和训练。

14. 有义务检举不正当的违法违纪行为。

15. 有义务对学校教学和班级岗位负责人工作进行阶段评议。

在班级的管理中，尊重个人至关重要。这不仅仅是班主任教育价值观和伦理观的具体体现，更是班级制度建设乃至班级文化的重要组成部分。为了尊重学生个人，除去制度建设和实践以外，班主任还应不断致力于改善学生学习生活的物理环境和心理环境，持续重视与师生的沟通、对话和交流，切实提高学生的学习能力、生活能力和行为能力，帮助学生体验到内心的成功喜悦。班主任应该在组织体系中，关心每一名学生的成功，尊重每一名学生的成就、尊严和价值，尽力促进学生的发展。这是班级人本管理的实质和精髓所在。

第三章

人本管理是维护学生积极情绪的班级管理

　　每个人在成长过程中，都有追求个人价值实现的欲望。这种欲望在班级管理中的表现，就是每个学生都有做主人翁的期待、目标和潜能。谁也不愿意自己被忽视。从一定程度上说，全面参与班级事务，担负一定的社会责任，对组织做出一定的贡献，会让学生产生得到社会认可的心理满足感，获得积极的情绪体验。而积极情绪则又有利于挖掘学生的潜力，帮助学生保持积极的心理健康状态，提升其做事的耐力和效率。

　　以人为本的班级管理，需要支持学生对于班级事务的广泛参与。这种参与的根本目的不仅仅是尊重学生的权利与义务，更是在实践中引导学生将奋斗目标、未来期望与班级目标相结合，支持学生个体在班级组织中获得存在感、认同感、责任感、成就感等。

一、学生参与班级事务的方式各种各样

　　（1）担任班级值日班长。值日班长按学号顺序轮流担任。虽然由于学情的不同，可能会给管理工作带来一定的波动，但从人本管理的角度考虑，班主任需要以发展的眼光、包容的态度看待学生。同时，在班级岗位体系中做好配合和支持的工作。

　　（2）通过主动申请、岗位竞标、选举竞聘等方式，担负班级管理岗位工作责任。

　　（3）通过活动投标、竞标，成为班级专项活动项目的岗位负责人。

　　（4）参与班级岗位监察事务，通过口头、书面、网络等形式评议班级岗位负责人，提出意见、建议。

（5）关注班级事务。参与班级、团队、小组各层面的座谈、讨论、辩论、投票、选举等活动，全面参与班级发展目标和班级重大事项的决策权和监督权。

班主任在班级管理中应该充分信任和依靠学生，突出学生的主体地位。但是，以人为本，关注每一名学生的实际状况，采取个性化的教育方案，促进每一名学生的个性化成长，这一列的实际工作对班主任的要求更高，班主任肩上的责任更重。

二、班主任的六点考虑

（1）提升自身的教育教学素养。保持自身阳光开放的心理状态，丰富自己的知识，熟练自己的技能，扩展自己的见识，重视反思与感悟，都能提高班主任自身参与班级事务的底气和灵气。

（2）在班级中重视文化传承与渗透，培养尊师重教的情结和氛围，着力打造师生良好的人际关系。对此，班主任不仅要提倡学生尊重老师的人格和劳动，而且要通过班级制度有关内容的确立和班级的活动，培养师生之间"礼"的意识，实践"礼"的仪式，推动讲"礼"，尊"礼"的习惯养成。

（3）班主任要不断审视班级中的各项规章制度，检查班级制度设计和班级文化设定之间的一致性和契合度，消除矛盾点，增强实践性和可操作性。

（4）班主任的教育教学活动必须以班级学情、班情为基础，从班级最近发展区出发，统筹考虑。做事有目标、有计划、有检查、有结果。不能脱离实际，脱离学生，凭空想象，也不能好大喜功，急躁冒进，盲目操作。班主任的教育实践更多需要"慢工出细活"。

（5）人本管理是学生参与班级目标决策、全面参与班级事务的管理。随着学生参与班级管理的程度越来越高，主人翁意识强、工作内力强、自我实现要求高的学生可以实行自主评估、自主管理。

（6）寻求学生监护人的积极配合。通过与学生家庭成员的交流沟通，增加第一手资料的储备，提升以人为本、因材施教的成功率。同时，班主任的专业知识与技能、与学生监护人之间信任度的提升，更有利于还原家庭教育应有的地位，发挥其应有的作用。家庭教育"可为"更"能为"。

家校联手是平衡班主任部分负担的重要方式。

　　班级中实施人本管理，归根到底是改变班主任在班级管理中单方面的主导地位、确立师生合作的新型主导模式，突出学生在班级管理中主体地位，以调动学生的主人翁意识，激发学生作为班级重要角色的主动性、积极性和创造性，以促进班级、个人乃至社会发展目标的实现。事实证明，学生参与班级事务的程度越高，班级的凝聚力越强，学生自身的发展也越好。

第四章

人本管理是促成学生成长的班级管理

　　以人为本的班级管理要求班主任始终把学生当作发展中的人看待。根据马斯洛的需要层次理论，学生在班级组织中，不断实现目标并不断形成新的目标。而人本管理的终极目标就是推动班级中的每个成员在实现自我价值和取得最大限度的自我发展的同时，也促成组织目标的实现。

　　目标是学生的内在评价体系和比较体系互动的结果。我们可以发现，学生的发展不是静止不动的，也不会一直顺风顺水或是逆水行舟，学生的发展是不断跳跃和变化的。学生会在各种组织体系和社会体系中成长，并通过体系中的比较实践，建立起心中的自我比较标准和架构。持续不断的比较实践，各种各样的挑战、考验和要求，推动学生一步一步完成自我肯定、否定、肯定、再否定，达成目标，产生新的目标，再达成目标，又产生新的目标……也就是产生焦虑和为了消除焦虑而不断发展和提升的活力。可见，有两个事实，班主任应该非常清楚。首先，班级组织中的每一名成员都有惰性，这是人天生具有的内在需求；其次，每一名学生的成长一定是在产生焦虑—消除焦虑—产生活力的不断反复的过程中成长的。每一名学生都在成长的过程中积累起经验、能力，养成各种生活习惯、行为习惯和学习习惯，形成性格、品格、价值观。

可见，以人为本的班级管理体系就是与此相对应，为满足每一名学生的个性化发展需求，而有针对性地分对象、分层次、分阶段提出新的目标，从而维持每一名学生的发展动力的管理。活力就是动力，但同时也是压力，班级组织给予学生的压力有积极的一面，那会不会出现不好的后果呢？

答案是肯定的。首先，当班级组织提出的目标已经不能满足学生发展的需要，也就是压力不足时，他们会寻找适合自己的更高、更大的平台，会产生离开班级组织的想法和行为，形成班级的离心力。其次，当班级组织给予的压力超过学生的能力范围，同时得不到调节时，极有可能引发学生的倦怠，造成厌学行为的产生。学生的班级生活变成了"做一天和尚撞一天钟"或者"做一天和尚也不撞钟"，这样的学生会把相对过剩的精力用到个人的兴趣爱好方面，个人的需求与班级的发展形成背离的两条线。班级和学生之间不再互为依靠，也会形成班级的离心力。

以人为本的班级管理，要求班主任做到以下几点。

（1）调整自身的教育观念，正视自身的状态，尤其是精神状态，以自身的正能量带动学生，一起进步。

（2）关注班级环境给予学生的压力是否适度。以发展的眼光看待学生的现状与潜力，为学生提供适度的压力、合适的机会、更高的目标，推动学生的成长。

（3）注意班级评价激励机制的合理性，满足不同层次学生的心理需求，为学生内在的比较架构提供正向的、积极的刺激和支持。

（4）对于产生倦怠情绪的学生，班主任更要注意沟通交流，了解学生、理解学生，为学生提供合适的机会，比如班级文化建设的具体活动，吸引他们对于班级事务的参与，重新将班级离心力转变为向心力和凝聚力。应该注意的是，班主任对于这类学生的转变工作尤其要注意方式方法，注意措施的力度，避免因发力过猛把学生完全推向对立面，产生更加激烈的对抗。对一个学生的关心也可能会造成对师生双方更大的伤害。这是班主任必须注意的。

总之，学生作为发展的人，其目标除了自我生存的目标，还有自我发展、自我实现的目标。班主任应在有效沟通的前提下，为学生提供适合其自身发展的空间和平台，发掘学生的自身潜能。当学生的理想目标和潜能被激活时，学生的成长就获得了动机和持续不断的力量。

第五章

人本管理是学习型的班级管理

美国麻省理工学院系统动力学创始人福瑞斯特在1965年撰写的《企业的新设计》中，第一次提出并初步构想了学习型组织的基本特征。他认为学习型组织具备五项技能：自我超越、改善的智力模式、建立共同意愿、团队学习和系统思考。

"学而不思则罔，思而不学则殆。"没有持续的学习意识和学习行为，学生就会甘于墨守成规、故步自封，失去成长的动机。所以，以人为本的班级管理，自始至终是以学习驱动的，是以建立并完善学习型组织为责任的管理体系。人本管理的过程也是组织成员学习培训的过程。通过学习，学生领会作为班级主人的责任和义务；学习并掌握履行自身职责责任，扮演自身社会性角色的知识与技能。更为重要的是，在学习的互动过程中，学生与班级缔结形成共同的发展目标。

班主任在以人为本的班级管理体系中，主要从六方面推动学习型组织的建立和发展。

1. 家庭影响对学习行为产生基础性影响

集体组织的成员来自不同的家庭，学生父母的学历、收入、职业对学生的学习行为产生基础性影响。此外，学生自身的性格、学习阅历、生活阅历也对班级的管理提出个性化需求。所以，班主任推动学习组织的建设，必须在全面了解学生、充分认识班级和学生的共性和特性的基础上开展工作。

2.人本管理的重要目标是推动学生自我能力的提升、自我价值的实现

班主任通过班级文化的牵引，班级事务的规划与行动，提供给学生实现提升的机会，培养他们的精神和意识，引导学生主动探索、创新发展，推动学生实现自我超越。具体来讲，即"目标、计划、行动、质量、超越"五步法。

（1）目标。一个优秀的班集体必然有被全体学生认可的、积极明确的共同目标。每一名学生也应该有体现个性需求、具体可操作的近期、中期和远景目标。"一个人知道自己的目标，这个世界就会为他让路。"目标的制定有利于学生为自己的行为设定明确的方向，把握每一个行为要达成的预期结果和重要性，合理安排时间，正面检视进展和效率，维持做事的信心、热情和动力。制定一个好的目标，建议使用SMART原则（见图2-5-1）。

S（specific）目标是明确的
M（measurable）目标是可测量的
A（at tainable）目标是可达到的
R（relevant）目标是相互关联的
T（time-based）目标是有时间限制的

图2-5-1　制定目标的SMART原则

（2）计划。目标的实现，需要很多要素的共同作用，做的事情多了，整合起来难免就会杂乱，不好的后果就是打破学生心理的、生活的平衡，影响学生的获得感和幸福感，制约人本管理的效能。所以，经常性自觉维护学习、工作、生活的平衡，离不开做事之前的计划。班主任应引导学生意识到，好的行动的起点一定是好的计划，而好的计划一定是内容朴实直观、要求简明准确、可操作性强的。

（3）行动。千里之行始于足下。"不积跬步，无以至千里；不积小流，无以成江海。"行动是通向成功的阶梯。学生的目标与理想，必须付诸行动，才能有收获的可能。就像美国退役将军威廉·麦克雷文在德州大学演讲中所说："如果你想改变世界，就要从每天早上起床叠被子开始。如果你坚持每天叠好被子的话，那你每天起床后就已经完成了一天中的首个任

务。这将促使你完成更多的任务。"学生就会在积累微小目标的成功过程中取得有意义的成就。

（4）质量。在目标、计划和行动中必须以质量控制为核心。没有质量的保证，学生就失去了发展的动力和竞争力。学生对于行动质量的控制，既要有自身的规划，更要有班级层面的合理设计，在阶段、步骤、激励等方面达成集体与个体的共识，避免产生矛盾，流于形式。

（5）超越。超越是学生自我实践与成长的结果。如何理解超越呢？班主任应该有意识地引领学生，鼓励学生自我实现。超越不是攀比，更不是不择手段。超越是当你回头看时，今天的你比昨天的你更优秀。所以，超越的核心是和自己比较，超越自己就是胜利。和自己比更容易使学生获得成就感，从而也成为促进学生成长的最佳动力。

3.学习型的人本管理有利于班级组织体系内建立并维持良好的关系

师生、生生等各方面形成良好的互动、合作与沟通，不仅仅是语言的沟通与交流，更重要的是思想上的互动和融合。集体与个人之间，个体与个体，如师生、生生等之间在文化意识上，尤其是在价值观上的彼此理解、改善和接纳。师生之间、生生之间的关系更加开放，更加注重彼此尊重和倾听。其结果也是学生更加积极地参与班级事务，获得良好体验。

4.学习型的人本管理有利于集体与个人形成共同的发展目标

在组织体系良好的各方互动关系加持下，班集体的凝聚力更加强大。班主任更易于通过班级制度流程建设、班级文化建设以及班级事务的广泛开展，在了解学生的前提下，将集体与个人的共性与特性整合形成班级的共同意志和共同智慧以及班级成员共同承担的责任、权利和义务。

5.学习型人本管理更加有利于增强学生的学习动力

学生共同认可的发展目标，推动学生更加自觉、更加主动、更加持续地学习和成长，从而促使满足个性化发展需求的动力从父母、教师等外部因素转化为更加有力和持久的学生内部动力。

6.学习型人本管理有利于形成学习共同体

学习共同体是在共同目标的指引下，自主形成的正式组织或非正式组织。成员为实现共同任务，承担明确的责任分工，并形成主动性、互动性学习行为。其优点包括以下四方面。

（1）由自学探究、讨论、实践、形成结论等环节组成的主动学习过程极大地激发了学生自身的自觉性、积极性和创造性。

（2）培养了成员的合作能力，提升集体的凝聚力和行动力。

（3）学优生对于疑难问题的攻坚，中等生对于自身职责的实践，学困生对于学习获得的成就感。尤其是团队组织内部"人人为我，我为人人"的互助性，有效增强了成员的存在感、荣誉感和自信心。

（4）学习共同体扩展了班级内竞争的范畴和内涵，将紧紧围绕学生个体开展的激励评价，拓宽到以学习共同体之间的竞争为主、组织内部竞争为辅的形式。这样既保证了激励评价体系的有效开展，推动集体和学生的成长，又将学生的焦虑程度保持在可控的范围之内，一举两得。

第六章

人本管理是实现公平成长的班级管理

平等和公平的区别主要体现在从谁的角度出发考虑问题，提供相对应的支持，是重视过程还是侧重结果。就班级管理而言，就是社会、学校、班级、教师从何种角度为学生的成长提供支持。

平等从助力提供者的角度出发，更重视表达在处理事务的过程中不偏袒任何一方，

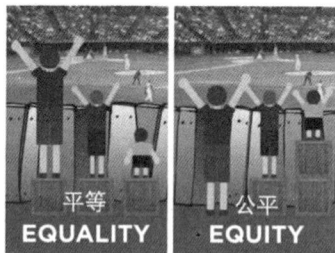

图2-6-1 平等与公平

不歧视、不区别对待、不冷落、不排斥、不限制，也不给对象任何特权。其缺点在于忽视对象的差异和个性需求，一切事务"齐步走"，缺少人文关怀，在结果上造成事实上的不公平。

公平则从助力接受者的角度出发，关注个性差异，为推动结果的成

功，达成结果的公平，在过程中为接受者提供个性化的不同助力。也就是说，在班级组织中，学生能够通过自身做到的，班主任就应该信任学生，放手让学生去做；学生做不到的，要充分了解学生实际需要，以人为本，因材施教，推动学生在自身的基础上，追求成功，实现自我肯定，体验成功，获得愉悦的、积极的心理体验。

所以，从这个角度来说，以人为本的班级管理是班主任主动作为、以实现学生公平成长为目标的管理体系。这与现在某些学校的教育教学管理模式存在着一定的差别和矛盾，需要班主任从更高层面加强沟通，推动顶层设计的改革和创新。

第七章

人本管理是以学生成就为核心的班级管理

以人为本的班级管理就是班主任帮助每一名学生实现自我教育、自我评价、自我成长、自我超越的价值体系和成长平台。班级管理的核心目标是学生成就。班主任应该以积极赞赏的态度对待他们，将学生的成就看在眼中，记在心中。发自内心的表扬与鼓励、赞美与奖励才会拉近师生的关系，增强师生的互动，落实人本管理的终极目标。

班主任要拓宽学生的成就观。从广义的角度来时，凡是学生承担责任、通过自身努力勇于实践、获得积极心理体验的事务活动结果，即使不成功，也应该视为学生的成就。从狭义的角度看，除学生的学习成绩外，更应该把学生能力的提升视为其主要成就。

教育的主要任务之一是在教授学生知识、培养学生技能的同时，发展学生的能力。因此，班主任应该树立正确的学生能力发展观，动态地看待学生，坚信学生的能力可以通过后天的有效活动得以提升，积极指导学生掌握适合自身特性的学习策略和学习方法。同时，班主任应毫不犹豫地将这一观念落实于班级的教育教学活动中，积极为学生提供机会和平台，提供积极正面的心理支持，维护学生能力发展的信心和期待。

此外，班主任应该引导学生树立适合自己的期待与目标，正确看待成功与失败，正确处理表扬和批评的量与度，以便维护学生心理的平衡，既要避免打击学生的自尊心，又要不断为学生提供新的发展目标，指明新的发展方向，避免学生产生盲目自大、不思进取的心理。

第八章

人本管理是营造良好人际关系的班级管理

在人本管理的组织架构中，教师与教师、教师与学生、学生与学生等人与人之间的关系构成了各种管理行为的基础。其中，又以管理过程和学习过程中的人际关系最为重要。

从班级管理的实践来看，积极和谐的人际关系有利于班级的团结，提升班级的凝聚力和行动力，为满足学生个性化发展需求提供支撑。同时，也更有利于提升班级管理的效率与效果，为班级的发展、学生自身的成长提供更加充足的机会和时间。

班主任是班级人际关系的主导，他们自身的价值观、教育观和对学生的评价观以及他们的教育教学理念和领导方式都会对学生、对班级中的各种关系产生影响。可见，班级组织体系中，人际关系的梳理和良好人际关系的营造，首先应从班主任等主导方自身做起，主动与学生建立良好的关系。

班主任首先要身体力行，注重自身的修养提升。以渊博的专业知识，正直的品德，待人宽厚、善于合作的性格，渊博的知识等汇聚成人格的魅力吸引学生、带动学生，更需要班主任真诚为人，处事讲原则、守规矩，以实际行动推动形成良好的师生关系。正如乌申斯基所说："只有人格才能影响人格的形成和发展，只有性格才能形成性格。"

教师不仅是知识的传授者、学生潜能的激发者、智慧的启迪者，还是学生成长的领航者，更是有效班级管理的推动者。可见，作为人本管理的主导，教师在班级组织中的角色定位是多元的。同时，班级管理的主体是学生，人本管理的前提就是要他们在实际活动体验中，树立起主人翁意识，担负起班级主人的责任，引导学生全面参与班级事务。这种相互交织的师生关系，从根本上推动了师生平等的角色定位。在以人为本的班级管理体系中，寻求帮助是双方的，获取保护也是双方的，合作是师生关系乃至其他关系获得良好发展的根本也是出路。

以人为本的班级管理、平等的师生角色定位，能够使班主任拥有创新型思维，促进公平的师生关系的发展。教师与学生不再是单纯意义上的"你来教，我来学"的关系，而是形成班级事务中共建共享的协作关系。这也进一步促进班主任以平等的视角、发展的眼光看待学生，看待师生关系。班主任应该以身作则，在班级事务中真心对待学生，真正做到尊重学生、维护学生的尊严、充分信任学生，大胆让学生承担班级岗位工作、主题活动等事务；对待学生的失误或偏差，班主任则应该注意以宽容与包容的态度对待学生。

班主任在实践以人为本的班级管理过程中，首先应坚持从学生的共性与特性角度出发，因材施教。其次，要想方设法推动教师平等参与学生活动，增加师生接触的合理渠道以及合作的实践机会。再次，真心致力于解决学生的困难，通过指导、研讨、评价等多种形式的沟通让学生获得真实的存在感、价值感和幸福感，推动师生共同成长。

动人心者莫过于情。良好师生关系的建立与维持，核心要求是教师心中有爱，面对学生，把握细节，做到宽严相济。当出现教育冲突时，做到冷静分析，从发展的角度慎重处置，尤其要把控事务处理的方式、范围、场合、时间、时机与力度。"当众多表扬，批评要私聊"是一般性原则。积极实践多元评价，发掘每一名学生身上的亮点与潜能，并使其成长壮大。

加强交流，拓宽沟通渠道。无论在课堂还是课外，无论在学校还是家庭，通过个别谈心、群体座谈，运用言语、书信与网络，让老师与老师、老师与学生、学生与学生之间的倾听与交流始终存在。其根本的目的在于引导师生情绪的释放，推动彼此接近与互相理解，为所有人提供必要的心理活动空间，激发班级成员自身的成长动力与能力，为良好的人际关系提供保障。

对于班级矛盾，如果处理不当就会影响人际关系。解决矛盾的方式有很多，但我认为最重要的是在班级中树立起换位思考的意识。在班级生活中，许多矛盾与冲突，源于自己认为真实存在的并且正确的事务，他人会持有不同的观点。没有有效的引导与沟通，各自固执地坚守，会使彼此沮丧、疏远甚至冲突。最好的解决方式就是先让自己慢下来，放松下来，站到对方的立场上，去感受所有的不同，求同存异，达成共识与合作。

第九章

人本管理是合乎道德、呵护人性的班级管理

人本管理的优势在于从人的角度，推动集体与个人的发展与共赢。各种管理只是手段，"管"是为了放手不"管"，尊重人性，呵护人性，发展人性，推动学生的发展、完善，成人是教育的唯一目的。因此，以人为本的班级管理要求教师必须树立正确的教育价值观，必须按照人的成长规律和教育原则，实施教育行为。

在班级管理体系中，教师一样会有情绪的波动，在人际关系上一样会有远近亲疏。我们尊重人性，就要承认人性具有需要约束和完善的地方，这就要求班主任首先要做有道德的管理者，修身养德，视道德为立身之本、行为之基、发展之源。在日常的管理实践中，班主任应该将遵守道德视为责任，坚守底线思维，有所为有所不为。从一定意义上讲，管理者的道德水平高，管理的水平也会随之提升，这有利于班级的长期发展。其

次，需要从制度的角度，完善班级的规章和流程，对班主任和学生干部的行为给予约束和警示，制度面前做到人人平等，把班级管理从"人治"发展到"法治"，也是尊重人性和道德规范的体现。再次，道德要求是远远超越法规范畴的更高水平的行为规范。在班级教育教学实践中，如何做到面向全体学生？如何做到尊重每一名学生的权利和义务？如何凝聚"不放弃、不抛弃"的班级文化？我相信，班主任除了树立"天生我才必有用"和"每一名学生都有独一无二的才华"的理念外，更重要的是道德水平的提升，形成自己的教育价值观并以此指导教育目的和目标实施的途径、方法、策略。

在一个优秀的班集体中，制度的制定与执行，各项活动的规划与开展，依靠的是优秀的师生。而优秀之所以优秀，必先有良好的道德。心中知美丑，做人当方正。班主任的教育行为应尊重学生，不靠胁迫与强制，更不进行道德绑架；班主任的教育行为不以眼前利益牺牲学生的长远利益，不以部分人的利益牺牲另一部分人的利益；班主任的教育行为以不伤害学生身心健康为基本准则。否则，教育就背离了阳光的本义，背离了道德和正义。

有人和组织，就有竞争。人本管理的班集体不是漠视竞争，更不是拒绝竞争，而是班主任引导学生理解竞争的本质，掌握竞争的方式，消化竞争的结果。任何竞争都是在尊重和超越的背景下进行的，但是核心一定是教育和引导学生明确"人在任何时候，都不能透支自己的道德"，要像保护自己的生命一样，坚守道德和人性。

合乎道德、呵护人性的人本管理中，班主任和学生的关系一定是互相团结、相互支持、协作互助的合作关系，为实现共同的目标，大家坦诚、机智，主动，分担责任，共享荣耀。这种导向贯穿班级管理的各个阶段、各个部门。这不仅是学生健康成长的重要资源，还是提升班级竞争力的源泉，更是班集体带给每个人的永远的精神财富。

第三篇
班级文化的
建设与渗透

著名主持人白岩松曾经说过："一个人有没有文化，并非看他的学历有多高。有学历的人，不一定有文化；没学历的人，不一定没文化。"作家梁晓声说："文化是根植于内心的修养，文化是无须提醒的自觉，文化是以约束为前提的自由，文化是为别人着想的善良。"可见，知识与文化既有关联又有差别。那什么是文化？知识与文化之间的关系是怎样的呢？

文化是有历史传承、有具体内容的，为人所创造、为人所特有的物质文化与精神文化的总和，包括思想意识、文学艺术、科学技术、教育、风俗习惯、法律等多方面。文化是一个民族、一个群体特有的思考和行动的方式，贯穿于所有的行为、行动之中，并形成独特的存在标识。可见，文化的范畴与内涵远远大于知识。如果说知识是"术"的范畴，那么文化就是"道"的领域。知识是基础，文化是统领，是成己达人之道。

班级文化是班级群体文化的简称。它既有文化的共性特征，又有班级组织的个性特征，是班级组织中全部或多数成员共有的信念态度、世界观、人生观、价值观的复合体。

班级文化包括硬件文化和软件文化两部分，构成了包括精神文化核心、制度支撑、行为实践、物质支持在内四个维度的班级文化体系。

班级的黑板报、卫生角、图书角等活动角以及教室内外的环境布置、物质设施、班级成员所创造的作品等具体实在的事物，属于班级文化的初级层次，是班级硬件文化的构成因素。

班级成员的言行倾向、班级风气、人际交往中的关系和习惯构成浅层的班级行为文化，是班级精神、班级目标的动态反映，在班级文化构成中位于物质层次之内，是班级文化的行为实践。

班级各种制度、流程、评价激励机制、组织机构等在班级实践中建立的规范自身行为、调节彼此关系的准则规章，与班级的精神等相适应，构成班级的制度文化，是班级文化的第三个层次，位于行为文化和精神文化之间，是班级的强制性文化。

班级成员的群体心理、价值观念、审美情趣、思维方式以及所产生的结果，构成深层的班级精神文化，是班级文化的精华和核心。班级精神文化是班级在长期的发展过程中，逐步形成的反映班级特征的文化观念和共同价值观，往往具有独特性，是班级文化的主体标识。

班级文化协调了班级成员之间的行动。班级师生共享班级文化。文化成为沟通的媒介和桥梁，有助于消除成员间的隔阂，促成成员间的合作。

班级文化的惯性和传承性，自然地为班级的发展指明方向，提供发展的方式；班级文化的共识性，自然引起班级组织内部最有力、最适宜的回应，有助于集体和个人选择有效的行动。

（1）班级成员通过实践、比较、选择、传播而形成的被普遍认可和遵从的共同行为规范和价值观，形成了班级文化的存在。而好的班级文化所产生的班级文化氛围，对班级成员的思想意识、心理状态、行为均会产生隐形的规范和约束作用，支撑并维护了有序的班级秩序。

（2）班级文化的精神力量可以转化为班级发展的物质力量，影响班级的发展模式，先进的文化带动班级组织的发展。

（3）班级文化构成班级的软实力，提供给集体不断进步的动力。好的班级文化有助于班主任审时度势，依据班级的实际情况，尤其是学生的特性和需要，及时调整班级体系结构和发展方式，调整成员间的各种关系，更有力地推动集体和个人的和谐发展。

（4）班级文化是班级成员共同行为和意识形成的力量。好的班级文化从诸多方面将班级成员团结在一起，有助于推动班级成员积极参与班级事务，促进集体与个体利益的融合，实现双方的共成长、共成功。

（5）班级文化是班级凝聚力和创造力的源泉。好的班级文化有助于调动班级成员的情绪，激发班级成员的活力和自觉为集体拼搏的奋斗精神。同时，好的班级文化也为全体成员提供和谐向上的班级氛围，营造安全的成长环境，维护全体成员的尊严和荣誉，实现全体成员的自尊、自信、自立、自强。

班级文化是班级力量的凝结和体现，随着班级组织文化的发展与强大，最终会形成对个人、集体、学校、社会的辐射带动作用。

第一章

班级文化的建构带来班级管理模式的升级

在班级组织体系中，无论是科学管理还是人本管理，即使班主任秉持以人为本的理念，站在学生发展的角度，其开展的管理工作仍然存在组织与个人的矛盾与冲突。因为班级组织不是封闭的，它是一个动态发展的组织单位。班级与班级、班级与社会、学生与学生、学生与家庭等均无时无刻发生着联系与互动。彼此在目标与任务、思想与意识、行为与习惯、信息与理念等开放性的交流过程中，会引起学生复杂的、独特的变化。而这一变化最终指向的是学生发展成为具备独特价值的人。在这一过程中，学生个人的发展要求与班级组织的统一要求之间，学生的个人成就目标与班级组织的绩效目标之间，学生个人的自由与班级组织的约束之间，学生个体的世界观、人生观、价值观与班级组织的群体价值观之间，始终存在着发展的矛盾与冲突。

班级文化的建构，就是要凝聚班级的力量，营造班级发展环境，通过融合各方利益，团结、调动班级成员，持续不断地应变、调整、激发他们的活力与自觉，形成共同行为规范和精神力量，以此来调和、解决个人与组织之间的矛盾与冲突。班级文化的建构带来的是班级管理模式的升级和极大改变。

班级文化的核心是精神文化，精神文化的核心是群体价值观。正确的群体价值观不仅有利于班级整体的发展，更对学生个体的成长至关重要。学生发展的根本是拥有正确的、积极的思想。学生只有先学会做人，才能学会做事，学会相处，学会学习。推动这一目标的实现，才是班级文化的意义所在和价值所在。

第二章

班级文化的核心——群体价值观

班级群体价值观是班级成员的认知、理解、判断或抉择，也就是班级成员对于班级各项事务的主流看法、辨别对错的标准和价值取向并由此产生的行为规范和准则，体现出班级中所有的人、事、物的价值和作用。

德国心理学家斯普朗格从文化社会学的观点出发，根据人认为哪种生活方式最有价值，把人的性格分为六种类型，即经济型（条件谈判者）、理论型（学习优异者）、审美型（爱美者）、宗教型（随性）、权力型（官位迷恋者）、社会型（热心者）。在一个班级组织中，绝大多数个体的价值观是几种价值观的混合体，并随着时间、空间的变化而呈现复杂性特征。

班级在发展过程中，群体价值观的形成一般会经历最大绩效价值观阶段（科学管理）、合理绩效价值观阶段（人本管理）、统筹互利价值观（文化管理）三个发展阶段。可见，班级群体价值观不是自发生成的，也不是凭空"打造"出来的。它发生于建班伊始，贯穿于班级发展的各个阶段，是由学生个体价值观、学生家庭价值观、班级团队组织价值观、班主任价值观、学校整体文化氛围、社区风气等多重因素相互冲突、相互融合形成的。

其中，班主任对于群体价值观的形成起着主导作用。"育人者必先育己，不正者则不能育人。"班主任的价值观影响着自己的工作方式、教育方法、评价标准。当班主任使用自己的影响力，将学生聚集起来，运用班级中的资源，开展各种形式的班级活动，班主任的思想意识、行为方式、价值取向等必会直接影响学生的行为。比如，青岛某高中学校开学某一天，晚上10点后，高一新生在宿舍洗手间洗衣服。班主任发现后，以违反学生寝室管理规定的理由，给予该生全级部通报批评，扣除学生个人和宿舍的量化分数的处理。自此以后，再也没有一位学生在学校自己动手洗过衣服，甚至是袜子。整周不换衣袜，或者把脏衣袜积攒起来，周末带给父母，成为"理所当然"。暂不说寝室的规定合不合理，教师的处理是否简单粗暴。但就这件事的结果来看，这位班主任实际上用自己的一己之力把学生自幼年开始，历经幼儿园、小学、初中，一路养成的卫生习惯、劳动意识进行了一次翻天覆地的转变。我相信，这个班级，乃至整个学校在开展学生劳动意识养成、树立劳动价值观的过程中，都会面临现实的挑战和阻碍。

形成班级群体价值观的各个因素中，班主任对自己的提升要求是最直接的。提升班主任自身的文化素养，有利于推动班级文化的形成与发展，对班风、学风的形成产生积极的影响。

（1）勤读书、多读书、读好书；勤学好问，博闻广记。班主任不仅需要多渠道提升学科教学水平和能力，更重要的是更新教育伦理观、价值观，坚持正确的教育原则、教育策略，熟练掌握科学的教育技术、手段、方式、方法。同时，由于班级工作涉及多领域的知识与技能，班主任的学习和研修也应打开思路，对管理学、心理学、教育学、社会学、心理学、法律都应有所关注和积累。一方面提升班主任的综合素养，提高领导力；另一方面则是凝聚班主任高度的职业责任感，提升班主任的人格魅力。简而言之，班主任需要内增素养、外修形象，力争成为班级文化建设的带头人和关键先生。

（2）班主任在长期的班级工作中，务必注意自己的言行对于学生所起到的潜移默化的教育作用，尤其是坚持教育行为的公平、正义，坚持引人向善、引人向上的价值取向。

（3）班主任对于班级发展的各个阶段一定要有清醒的认识和明确的规划，从学生的实际出发，通过各种形式的组织形式和班级活动，吸引学生广泛参与班级事务。通过教育理念与实践活动相结合的方式，推动班级文化建设，从广度和深度两个维度，增强班级文化的辐射范围和影响力。

正如群体价值观的形成不是凭空想象、一蹴而就的，班级文化的建构也会随着班级的创建、发展、成熟而经历不同的阶段。班主任从接班的第一天开始，就应该从班级文化建设的角度，采用合理有效的策略、方法，确立班级精神文化，尤其是群体价值观建设的阶段性目标，并以此为中心，有序开展物质文化、制度文化、行为文化建设。一般来看，班级文化随着班级组织建设，班级制度、流程与规章建设，班级评价与激励机制建设，班级各类关系的建立、维护与提升，逐步开展，形成征集与提炼、深化与认同、融合与内化、实践与提升等四个相互交叠、逐步过渡提升的阶段，形成班级文化体系，推动优秀班集体建设。

第三章

班级文化的征集与提炼阶段

从建班的第一天，到班级稳定运转，基本需要半学期的时间，其中，尤以前两个月最为重要。这个阶段，班级文化建设主要在班主任的带动下，积极发动学生和学生家庭成员积极参与，经历发动、提炼、传播的过程，重点是班级物质文化建设。以我所带某一班级在七年级时，召开的新生家长会流程规划为例。

一、致欢迎词，表示感谢

二、简单的班主任介绍

让家长认识班主任，内容可以包括姓名、年龄、从教经历，要实事求是，但一定要自信，让学生家长感受到班主任的进取心与责任心。

三、强调开家长会的目的

1. 了解学校，了解老师

在这一环节，班主任需要将学校的办学理念、师资队伍、硬件条件、教学成绩、远期展望、学生活动等方面做整体介绍，并让家长了解学校是接下来孩子三年生活学习的主阵地，让家长感受学校的整体氛围；让家长了解学习并不是唯一任务，一个全面发展的孩子才是成功的。在介绍老师的环节，建议添加老师的照片和教育理念，增强家长对学校教育教学力量的认同感，初步形成向心力。

2. 介绍班级经营理念、目标措施与步骤，班级文化的初步设计，强调班级是给学生搭建发展平台

如果还没有形成班级理念，可以用"拿来主义"，比如，李镇西老师的"让人们因我的存在而感到幸福！"家庭因我而温馨，我因家庭而感到幸福；班级因我而精彩，我为班级而感到自豪！

明确三年的班级和学生发展规划。从第一次班会就凝聚家长的力量，形成有利的核心力。

如：七年级，培养习惯，养成良好的学习习惯和生活习惯，培养有自主管理能力的学生；八年级，平稳过渡青春期，处理好家庭关系和亲子关系，让学生能够相信家长、信任家长，学会控制自己的情绪，能够独立处理生活中的挫折；九年级，明确中考目标，拼尽全力实现目标。

优秀的班级和优秀的学生两者相辅相成、密不可分。良好的班级文化和有序的班级管理，有利于每个学生的健康成长，要让家长和学生们充分了解班级的"生态体系"。同时，要建立起家校共同体的理念。充分强调班级团队"生态系统"的维护和发展需要家长们的帮助，并在今后一段时间内逐步明确需要在哪些方面的帮助。

3. 给家长建议，帮助学生尽快适应新的学习环境

注意把首次学业质量检测的成绩作为参考，引导家长正确帮助学生制定下一阶段的学业发展目标。

4. 给家长的其他建议

（1）让学生感受到家庭的温暖，周末给学生适当的玩耍时间。

（2）不要给学生太多零花钱，容易攀比。

（3）不会自控的孩子，不宜购买拥有智能手机。（建议收看青岛市家长大课堂第七讲《如何与手机友好相处》）

（4）学会与学生沟通：要理解他们，尊重他们的隐私，尊重他们的意见与建议，尊重他们的人格，不要拿他们与别的孩子做比较；要宽容，允许犯错，但一定要教会他们对自己的行为负责；

5. 期初常规工作提示

6. 建立家校网络沟通渠道，选举家委会

这有助于班级任课老师和家长直接沟通。

7. 征询家长对班级管理的意见或建议

会上与会后相结合，可以通过网络渠道，由家委会组织实施。

8. 与个别家长单独谈话

历经六年的小学生活，不同学校的文化传统与习惯培养、不同的家庭背景和价值取向都在深深影响着七年级新生的心理、心态、行为、习惯等。同时，刚刚踏入初中校园的他们，对一切又是那么好奇。他们渴望了解自己的学校、班级、老师、伙伴，渴望在新的平台上有新的、更高的目标，获得更多展示自己的机会。每个班级成员都有获得成功的需要。首次家长会或者更应该称为"家校生团建活动"的首要目的就是在孩子原有发展的基础上，以学校文化为支点，以班级文化建设为抓手，以家校团队共同体建设和班级团队共同体建设为手段，有效引导全体团队成员树立新目标、生成新动能。

这虽然是七年级新生首次家长会的流程设计，但仍希望其基本步骤也可以为幼小衔接、初高衔接等不同时期的班级提供借鉴和帮助。因为，班级文化的建设是从班主任接班的第一天开始的。

一、班级文化建设从讲故事开始

班级文化的意义所在、价值所在是引导学生学会做人，学会做事，学会相处，学会学习。但在班级文化的建设过程中，学生几乎都不喜欢老师的说教，直白地讲大道理既不能有效地触及学生的思想，又不能产生正向的牵引作用，甚至会激起学生的不良情绪，引发师生的冲突，破坏班级组织成员之间的关系。因为融媒体时代的快速发展，信息快速流动，学生的思维更为活跃，思想更加开放。他们需要的不是道理本身，而是道理背后的为什么、怎么样，更是自己的直观感受和亲身感悟。

故事作为文化的一种载体，由于其趣味性、历史性、时代性、启发性等特点，常常发挥教育学生"易代入、可共情"的效果，在班级文化建设中起到润物细无声的育人目的。

当我进入新班级见到学生的第一面时，我总是以下面的故事作为开场白。

做人像铅笔

铅笔具备了五个特性。如果你也拥有这五个特性，那你将成为一个成熟的人。

铅笔的第一个特性是，尽管你能做很多大事，但千万不能忘记那是因为一直都有一只手在引导着你。我们管那只手叫"信仰"。

铅笔的第二个特性是，有时我们不得不停下来，用铅笔刀削一削。这样虽然会使铅笔经受痛苦，但是削过之后，它会变得更加尖利。所以，你也必须学会忍受痛苦和悲伤，因为它们能使你成为一个更优秀的人。

铅笔的第三个特性是，它总是允许我们使用橡皮擦掉错误。这就是说，纠正我们做过的一些错事并不是坏事，它可以帮助我们走上正确的道路。

铅笔的第四个特性是，真正有用的不是外表漂亮的笔杆，而是里面的铅芯。所以要注重你的内心世界。

最后一点，无论如何，铅笔总是会留下自己的印迹。同样的道理，你也应该懂得，在你的人生旅途中，所做的任何事情也都会留下印迹。所以，今后无论你做什么，都要先考虑清楚后果。

通过讲述这样的一个故事，我不但对学生的发展提出了要求，提出了目标，更直观地向全体学生表明，班级的目标是育人，是将学生培养成为一个有信仰、有德行、能自律、肯负责、重内在的人。同时，这也是身为班主任的我对班级文化建设的一次启动，为此之后文化理念的提炼指明了方向，即学习如何做人。

二、班级文化核心的确立，以班主任为主导，吸引各方积极参与

在班级文化的初创期，班主任起到主导作用，但并不意味着可以脱离学生，脱离班级实际，凭空想象。无论是从班级文化建设的终极目标角度还是要依靠的力量角度来看，都要求班主任认真了解社区、学校的历史、传统和文化氛围，了解班级，了解学生，准确定位班级实际状况，并以此为基础，设计班级发展的愿景，提炼班级群体价值观的关键词。开学前，班主任可以通过观看学生档案、家访、问卷调查（见表3-3-1）、约谈等多种方式，了解学生所在家庭的基本信息，尤其是家风、家规等家庭教育基本信息；了解学生的思想状况和发展水平，更是发动学生和家长，共同参与班级建设，广泛征集学生以及家长对于班级发展的初步设想或方案，并为班级文化核心价值观收集理念、关键词句等。

表3-3-1　班级信息调查表

姓名		性别		民族		出生年月日	
曾任过的职务		爱好		特长		锻炼成长，班级岗位申报	
称谓	姓名	职业	工作单位	联系电话	特长	可为班级建设提供的帮助	
父亲							
母亲							
家庭现住址							
你在小学期间获得的最美好的记忆				你期待一年后的"自己"是怎样的			
你期待我们的班级在未来成为怎样的班级							
你认为现在我们需要在哪些方面进行《班级公约》建设，你想为班级立的规矩是什么呢？如：出勤、纪律秩序、文明礼仪、卫生、值日、公物、眼操、大课间、课前准备、课堂学习、课后学习、作业及收发等等常规工作，尤其是你认为我们要一起改进的地方，该怎么做							

学生来自不同文化背景的家庭、学校，班主任必须担负起"黏合剂"的作用，主动联系学校、科任教师、学生以及家长，主动开展广泛的研讨，对收集起来的方案进行整合、提炼。班主任应在充分调查的基础上，分清优势和短处，从班级和学生发展的需要出发，预设班级发展方向和高度，充分发挥自己的专业优势，从更高层次对班级文化核心进行提升。

通过营造和谐的班级育人氛围，为健康班级的创建奠定丰厚的人文环境基础。班级文化，尤其是核心价值观的确立为班级的活动与管理，班级成员之间的交往、学习、生活，班级事务的是非判断、评价激励等诸方面，提供了主流的观点，为集体和个体的发展指明方向、提供动力，有助于塑造班级的灵魂，建立积极向上的班风、学风。

三、目标可视化，抓住班级发展的方向

班级文化的建设与渗透、班级组织的组建与成熟、班级管理模式的创新与发展都需要沉淀与积累。而这一过程是长期的，为了落实班级核心价值观的内容、要求和目标，以便影响学生的个体价值观，推动群体价值观的传播与认同，改善组织关系，凝聚发展动力，促进集体和个体的双赢，班主任除应设法加强物质文化的基础支柱作用以外，还应主动设计并实施操作性强的、学生喜闻乐见的活动，通过活动将班级发展的目标具体化、可视化，吸引学生从中体验并内化班级核心价值观。

班主任担负着班级发展预期设想的主导作用。围绕核心价值观建设，班级发展的目标是什么？学生的意识、习惯、品行、知识、能力要达到的养成目标是什么？要用什么活动给予实践和渗透？班级文化建设的关键流程在于实现学生对于核心价值观从"知（知道）"到"悟（理解并懂得）"，再到"行（实践，坚持）"。

四、班级核心价值观的传播

班级的文化建设容易走入只重形式的误区，错把教室环境建设当成班级文化建设的核心。项目倒是做了不少，但没有核心主题，各项目之间没有联系，无法体现班级文化"育人、促成长"的主要功能。或者，班主任

不能抓住学生入校教育的黄金期，将整合、提炼后形成的班级核心价值观束之高阁。实际上，酒香也怕巷子深。班级文化核心价值观一经形成，就应该大力宣讲传播，做到班级成员耳熟能详，学生家庭家喻户晓。宣传到不到位，直接影响大家对班级文化建设的关注度，影响大家就班级核心价值观等文化建设内容的交流与沟通、认同与融合、实践与提升。

班级文化核心价值观的宣传传播可以通过多种渠道。会议型渠道包括家长会、班会、班委会、团队会、座谈会等；班级环境布置渠道包括公示、展板、板报、墙报、班报等；网络渠道包括班级公众号，博客，微信、QQ、钉钉等APP以及班级小管家等小程序。班级核心价值观的传播还可以通过家访，给家长的一封信、给学生的一封信、家校联系本、周记等书面形式，谈话、闲聊等口头形式进行宣传。各种形式并无优劣好坏之分，也未必一定是班主任亲力亲为，关键在于广泛参与，内容准确，表达恰当，重在沟通，牵引认同。

五、班级物质文化建设

物质文化是班级文化的物质基础和助力，软件文化是班级文化的内涵、核心和导向。班级的软件文化需要通过硬件文化来呈现，硬件文化需要软件文化来引领与保证，两者之间相辅相成、协同发展。文化的渗透、集体荣誉感的增强、群体价值观的凝聚也需要班级围绕文化建设的目标与内容，设计、营造相应主题的班级硬件文化环境。以我2017年所带的一个新七年级班级为例。

1. 班级标识

（1）班级组成介绍：我们班现有34人，其中男生16人，女生18人。2017级10班是一个和谐的大家庭，和善乐观、积极向上是我们最大的特点。

（2）班级建设理念：以文化立班，以制度治班。

师生、家校是班级建设的命运共同体。我们以树立意识，养成习惯为抓手，坚持文化立班、制度治班，为学生成长公平提供机会、搭建平台。我们共同提炼班级群体价值观，并以此为统领，有序建构班级文化。我们共同制定、共同遵守班级常规公约的要求并通过管理模式、组织形式、制度流程、评价激励制度等的创新，满足群体发展与学生个性化发展需求，实现共性和特性价值的实现。

（3）班级精神：团队、和善、乐观。

团队：没有完美的个人，只有完美的团队。

和善：以和为贵，以善为美。

乐观：你改变不了事实，但可以改变态度。

（4）班训：明志 厚德 格物 笃行。

明志，源自淡泊明志，此句最早出自西汉初年刘安的《淮南子·主术训》。东汉，诸葛亮《诸葛武侯集·诫子篇书》也有引用："非淡泊无以明志，非宁静无以致远。"不把眼前的名利看淡就不会有明确的志向；不能全神贯注地学习就不能实现远大的目标。要获得成功，必须有坚定不移的意志，保持身心在宁静中研究探讨，才能是从不断学习中积累起来的。

厚德，源自《易经·坤》："地势坤，君子以厚德载物。""厚德"一方面是指一个人日常的道德修养水平，表现为不以个人得失为念，重公轻私，严于律己宽以待人，更是指一个人的心胸宽广，像大地一样能容养万物。无论何时何地，只有道德高尚的人才能承担重任！

格物，源自《礼记·大学》："致知在格物，物格而后知至。"《大学》中提出"格物、致知、诚意、正心、修身、齐家、治国、平天下"，其中"格物"的意思是推究事物的道理，尊重科学规律，以实事求是的基本态度，懂道理讲道理。

笃行，源自《礼记·儒行》："儒有博学而不穷，笃行而不倦。"强调若要学有所得，就要努力践履所学，使所学最终有所落实，做到"知行合一"。

（5）班风、学风：守时、守信、勇敢、坚持、勤奋、细致。

（6）学生"三心三学会三习惯六感九意识"成长目标。

三心：敬心、精心、竞心。

三学会：学会做人、学会做事、学会学习。

三习惯：生活习惯、行为习惯、学习习惯。

六感：时间面前有紧迫感、学习面前有压力感、成绩面前有竞争感、班级面前有荣誉感、社会面前有责任感、科技面前有求知感。

九意识：规则意识、目标意识、计划意识、行动意识、质量意识、效率意识、责任意识、超越意识、成功意识。

（7）班级誓言：强素质，树形象；明方法、讲效果，做生活学习的主人。

（8）班徽、班旗、班服、班歌（略）。

2.班级环境布置，营造文化氛围

（1）我们的班级（见图3-3-1）。

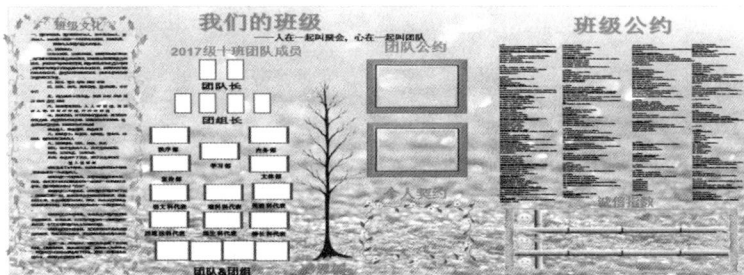

图3-3-1　我们的班级

（2）班级主要岗位组成与架构（见图3-3-2）。

图3-3-2 班级主要岗位组成与架构

（3）感恩树（见图3-3-3）。

图3-3-3 感恩树

（4）留言墙（见图3-3-4）。

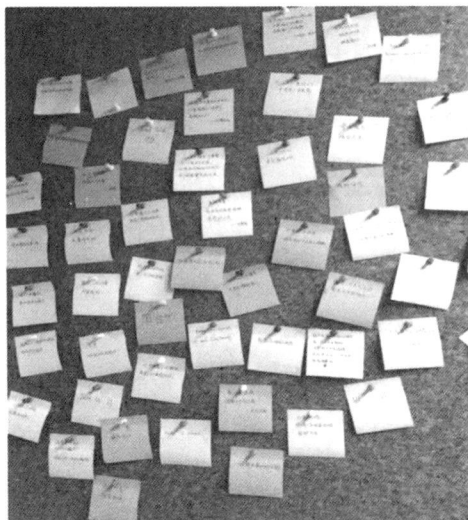

图3-3-4　留言墙

（5）团队的风采——我的班级我爱护，我的团队我经营（见图3-3-5）。

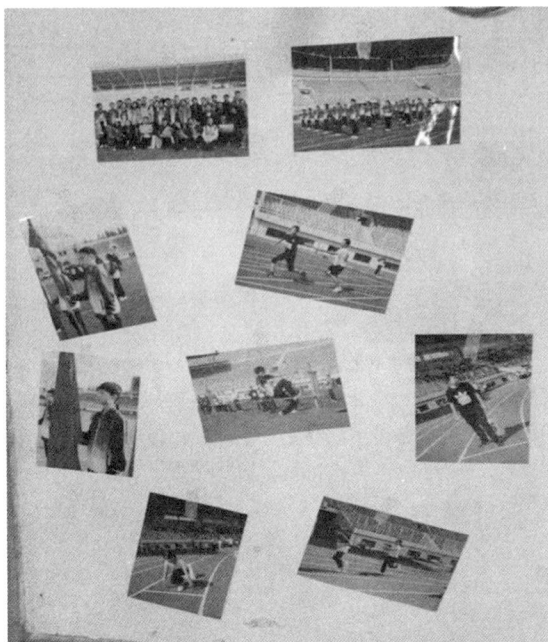

图3-3-5　团队的风采

（6）榜样的力量（荣誉墙）——青春飞扬你最棒，发光，我们就会发现（见图3-3-6）。

图3-3-6 榜样的力量

（7）学习园地——简单的事重复做，你就是专家；重复的事用心做，你就是赢家（见图3-3-7）。

图3-3-7 学习园地

（8）文化园地——百家讲坛和知乎墙（见图3-3-8）。

图3-3-8 文化园地

（9）优秀学业作品展（见图3-3-9）。

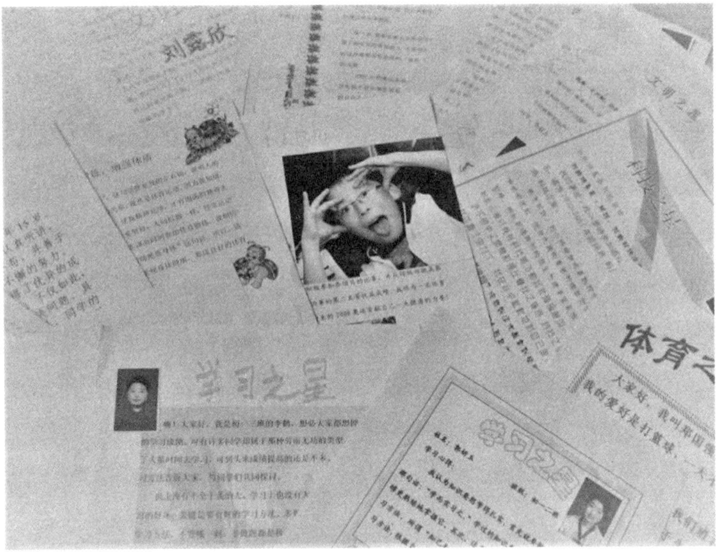

图3-3-9　优秀学业作品展

（10）我的目标——赶超目标，进步目标，理想目标（见图3-3-10）。

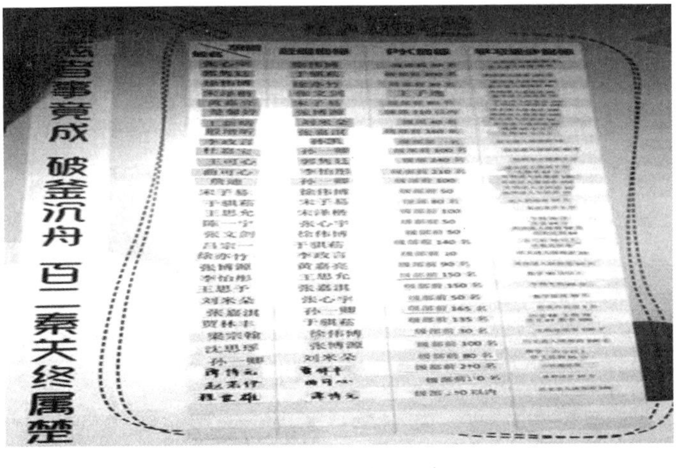

图3-3-10　我的目标

（11）学业勋级榜——成功的阶梯，今天的你努力了没有？（见图3-3-11）

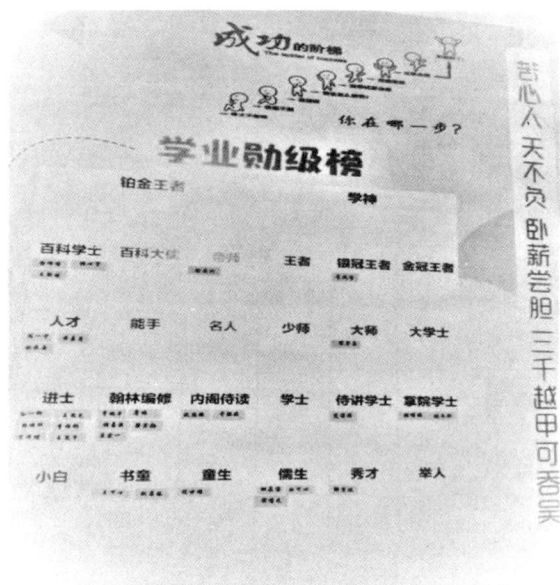

图3-3-11　学业勋级榜

（12）名言警句（见图3-3-12）。

图3-3-12　名言警句

（13）温馨提示（见图3-3-13）。

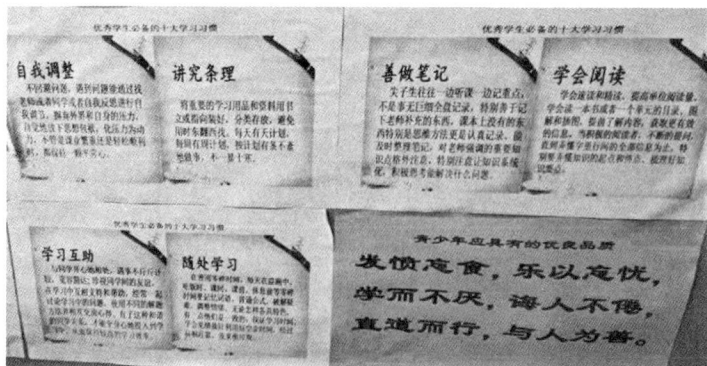

图3-3-13　温馨提示

（14）制度、职责、流程展板。

如：班级公约总则；团队公约（针对自身团队实际问题，有针对性地公议制定，含奖惩方案）；个人契约（针对个人突出问题制定阶段性目标，含奖惩方案，每次3～5条，成功达成目标的删除或替换，未达成的保留，并修改措施）。

（15）手抄报、板报、海报（见图3-3-14）。

图3-3-14 手抄报、板报、海报

（16）班级事务公示展板。

（17）班级动植物。

（18）班级专题活动角，如卫生角、读书角——《环球时报》《意林》《读者》《青年文摘》《启迪》等；班级图书馆（让阅读成为一种习惯——图书漂流）。

（19）个人铭牌。

项目内容包括姓名、岗位职务、荣誉称号、学习力勋级、自省箴言、任务待办清单等（见图3-3-15）。

图3-3-15 个人铭牌

第四章

班级文化的深化与认同阶段

在班级文化的创建阶段，班主任主动地、有意识地调动学生和家长的积极性，收集、提炼班级核心价值观，营造班级文化氛围，就拥有了文化立班的主动权。同时，一般情况下，新生入校或者班主任新接班级，学生因为好奇与不熟悉，往往会收敛自己的个性和习惯，形成班级事务的相对稳定期。这也有利于班级核心价值观的形成。

但是，来自不同社区、不同家庭、不同学校的学生，通过交往，会构建非正式组织，同时营造自己的组织文化氛围。班主任对此不能麻痹大意，因为主流文化和非主流文化的融合与冲突程度，同班主任的智慧和专业素养，班主任的工作主动性、预见性和计划性甚至身体状况、对工作的投入程度一样，都会影响班级文化是否能够正常创建、创建的进度与程度以及是否能够自然地过渡到深化与认同阶段。

全员参与制定《班级学生公约》，推动班级文化建设的深化。

班级运转一个月左右后，学生对班级生活已经基本适应，对学校、班级和老师均有了自己的判断，学生个体意识、已有习惯开始对自身行为产生更大的作用。此时，班级文化的深入不能仅靠主题班会、个别谈话等形式，而应针对学生的意识培养与习惯养成，积极开展《班级学生发展公约》的制定工作，进而推动《团队学生发展公约》《学生个人行为/学习/生活规约》的制定与实践。通过建设制度文化，牵引学生的行为、习惯和意识，着力推动班级文化建设进入新阶段，开创新局面。

制定《班级学生发展公约》的主导者是班主任。班主任的人格素养、思想境界、思维方式影响着学生的身心健康、发展和成就；班主任是班级通向各方的桥梁和枢纽。国家的政策法规、学校的规划与部署需要班主任来落实；班主任是班级的核心，凝聚科任教师团队、学生团队、学生家长团队并协调彼此的关系；班主任是班级发展目标、整体规划、具体活动的策划参与者，是班级风气的引领者。

学生是制定《班级学生发展公约》的主体。同时，此公约也是各方协调、协商的结果，是全体学生对于班级生活、学习、行为的共同约定，所以必须让每个学生参与，充分尊重并接纳学生的意见。同时，依据民主集中制原则，充分协商，达成最大共识，必须经得起各方的检验。

班主任指导内容一般包括明确《班级学生发展公约》是围绕班级核心价值观，针对班级发展问题，由学生设计，展现学生整体愿望的行为规范。要求语言简练，内容切实可信。明确《公约》制定的流程。

班主任可面向全班学生举行有关草拟《班级学生公约》的主题活动，分专题由团队牵头，广泛收集，充分交流、讨论，通过"选择—合并—删除—添加"的流程，形成初稿。将表决稿公示，提交校方、科任教师、学生家长，进行合法合规复核，并完成文字润色和形式设计，形成表决稿。召开班级大会，逐条通过。班主任签字，颁布实施。

《班级学生公约》通过第一人称的设计，体现学生在制定过程中以及颁布实施后的主体地位。每一个班级的《公约》均是以该班级的班情、学情为基础制定，反映本班的学生特点，对本班学生起到指导和引领的作用，是本班制度文化建设的产物。每一个班级的《学生公约》都独具本班特色。

以我所带的某校2014级某班为例，《班级学生公约》的基本内容包括以下内容。

★ 我们抓住今天。

★ 我们树立明确的人生目标。

★ 我们自己的理想自己要坚持。只要今天比昨天好，这就是希望。

★ 我们要乐观，要享受人生。

★ 我们要自信，发现自我价值。

★ 我们必须要回报的是父母；我们真正要挑战的是自己。

★ 在我们的能力范围内，做最好、最好的人。

★ 我们要讲诚信，并且在心中不忘这份初心。

★ 我们做什么事都要有条理。

★ 我们全力以赴，用勤奋改变人生！

★ 我们永不言弃，以执着成就未来！

★ 我们不比智力比努力，不比起点比进步。

★ 我们自强不息，将知识转化为智慧；厚德博学，让文化积淀为人格。

★我们让学习成为一种习惯，让阅读成为一种习惯。

★我们从错误中学习，继续向前迈进。

★我们拒绝理由，我们只用成绩说话。

★我们赢在执行力，没有执行一切都是空谈。

★我们的心在一起。

★ 我们应具有的优良品质：发愤忘食，乐以忘忧，学而不厌，诲人不倦，直道而行，与人为善。

★ 我们的态度决定一切，我们的习惯成就未来。

★ 我们在课堂上要做到的事情：课堂听讲，课堂问答，课堂质疑，课堂活动，教学相长；课堂准备，课堂秩序，课后巩固，每日核查，互利互惠

★ 我们应养成的学习习惯：

1. 以学为先的习惯

2. 认真预习的习惯

3. 专心听课的习惯

4. 善做笔记的习惯（思维，补充，整理，体系，善思）

5. 勤于思考的习惯

6. 及时复习的习惯

6. 独立完成作业的习惯

7. 规范完成作业的习惯

8. 练后反思的习惯

9. 积极应考的习惯

10. 阅读自学的习惯

11. 合理安排、讲究条理的习惯

12. 观察的习惯

13. 学习互助、切磋琢磨的习惯

14. 总结归纳的习惯

15. 随处学习、随时学习的习惯

16. 自我调整的习惯

★ 我们需要具备的获取成功的因素：

学习、意愿，决心，主动，热情、善意、自律、自信、恒心

★ 我们因为坚持才有了希望；

我们因为争取才有了机会；

我们因为动手才有了能力；

我们因为承担才有了成长；

我们因为付出了才值得拥有。

《班级学生公约》等一系列公约的制定、颁布和执行，由于制定主体的广泛性，目标、内容的针对性和独特性，从而推动了学生对于班级文化核心价值观的理解和认同。

第五章

班级文化的融合与内化阶段

认同并不意味着内化，并不意味着学生已经形成班级核心价值观的自觉。学生的生活和学习每天都在发生，每天都在发生学生原有文化意识、行为习惯与班级推行的核心价值观之间的冲突与融合，学生的发展必然会出现反复。班主任要善于将身边的事情、问题作为第一手的案例，从中分析潜在的文化影响，价值判断和行为动机，发掘潜在的教育价值。案例做抓手，理性分析、正向引导为手段，价值观引领为目的，意识、习惯养成为结果，把学生的实际生活与隐形的班级行为文化、精神文化建设目标与内容联系起来，将学生内在的素养提升具体化、实践化，在班级文化群体认同的基础上推动班级文化的融合与内化，形成群体价值观。

这一过程不是一蹴而就的，需要班主任持之以恒地坚持班会主阵地的教育引导功能，坚持个别谈话、家校配合等教育方法。但是此时，班级文化建设的推进更需要班级一系列制度的保障，并通过实践活动强化和完善这一保障。

班级制度文化是班级文化的重要组成部分，是班级文化的制度保障。制度文化不但具有强制的约束性功能，更重要的是有明确的导向功能。在制度的指引下，学生明白什么该做，什么做了要承担后果，榜样是什么样的，自己要追求什么，应该拒绝什么，怎么做就可以帮助自己实现成长。

可见，制度在班级生活中的积极存在意义，好的制度内容，民主科学的制定过程，以人为本、科学合理的执行实践，尤其是班级文化核心价值观指导下的评价激励机制，才能对学生的意识、行为、习惯产生正向的影响。

从班级的角度来看，班级是学校进行教育工作的基本单位，也是学校心理健康工作的前沿阵地，需要一整套科学的、全面可行的制度规范机制维护班级的运行。从班级的动态发展来看，班级以目标、活动、评价、反馈等形式体现其组织、管理、教育和约束、规范、导向功能。制定《班级学生公约》《班级学生常规守则》等，使学生的生活、行为、学习有章可循，可以避免工作的盲目性和随意性。同时，也可以避免班主任或学生干部以个人好恶处理班级事务，是实现班级民主科学管理的制度基础。从大处看，依法治国、提高中华民族的素质是社会发展的必然。同样，依法治国以培养能适应和创造美好未来的新一代建设者和劳动者，也是历史发展的客观需要。制定班级制度、规则、流程，也正可以培养同学们的法治素质。此外，搞好班级管理，必须依靠全班成员发挥高度的积极性，具有高度的主人翁精神。通过制定有关制度、规则、流程，体现班级民主管理的思想，体现班级管理中的师生人格平等，从而更加有力地推动全体师生成为班级的主人。

一、班级系统的规则教育

在《班级学生公约》的基础上，需要班主任用正确的教育价值观指导制定、执行《班级学生守则》等具体行为准则。规则守则的制定不能只发挥约束学生、惩戒学生违规行为的约束性功能，更重要的是从学生的个性发展角度出发进行规则教育，从根本上在学生头脑中树立公民意识、规则意识。要从思想上引导学生理解为什么要制定规则，班级需要什么样的规则，怎样制定合理合法的规则，规则的执行为什么要严格，规则为什么需要班级中的每个人遵守，每个人都遵守规则的目的是什么，不遵守规则的后果是什么。要通过制定规则、学习规则、记忆规则、理解规则、执行规则、比较后果等实践过程，让学生树立正确的义利观，养成主动承担责任、主动遵守规则的意识，推动学生道德素养的提升。这也是推动班级文化建设、实现班级核心价值观养成的需要。

面向学生的发展需要，《班级学生常规守则》的内容主要包括生活、行为、学习三部分的内容，以便落实学生三方面习惯的养成。

二、班级常规守则的制定基础

《班级学生常规守则》的制定，需要根据班情、学情、发展需要等班级实际情况制定，体现出《班级学生公约》等一系列公约、契约的内在精神和具体要求。同时，《班级学生常规守则》离不开国家、学校育人体系的标准，做到合理、合法。最后，《班级学生常规守则》的制定离不开班主任的教育理念、教育价值观的指导和渗透。其落实于班级管理模式的使用，直接影响《班级学生守则》的内容和措辞。例如，班级的科学管理，重在约束，通过奖励、惩戒以其达到班级管理的效率。班级的人本管理，重在学生价值的实现、学生发展的达成，重在确定目标，发挥《常规守则》的目标导向作用。

以我班《班级常规守则》为例，它的制定不与《中学生守则》《中学生日常行为规范》冲突，经得起它们的衡量和检验。

三、班级学生常规守则的内容

班主任自身的专业素养、学校的不同状况、不同的年级特点与任务要求、不同的班级类型、男女生的人数比例、学生的阅历、学生的个性、学生的家庭背景等决定了班级学生常规守则项目内容和形式的多样化。班级学生常规守则有歌谣式的、漫画式的、图文式的，但最常见的还是条目式的。歌谣式的班级学生常规内容（见图3-5-1）。

以2017年，我所带班级的《学生常规守则》为例，介绍一下条目式的学生常规。建班伊始，我指导全班师生制定常规守则，以期分阶段培养学生良好的习惯，树立良好的意识，推动班级文化建设的逐步深入，实现"一年打基础，两年稳发展，三年出成绩"的班级发展时间路线图。

尊长辈	受幼小	孝父母	遵教导	文明语	要使用	遇外宾	要知礼
帮残疾	乐助人	遇事情	讲礼仪	诚可贵	莫说谎	损公物	要赔偿
捡东西	要上交	借东西	要归还	不挑吃	不挑穿	惜粮物	节水电
爱整洁	常洗澡	勤刷牙	习惯好	不旷课	不迟到	对老师	有礼貌
升国旗	要肃立	唱国歌	要响亮	上课前	准备好	教室净	桌椅整
书本笔	不能少	文具齐	右上置	铃声响	进课堂	身坐正	朝前方
不下位	不吵嚷	心情静	等听讲	老师到	互问好	师生情	莫可忘
上课时	要专心	认真听	仔细看	有疑问	多请教	勤思考	勤笔记
答问题	举右手	师点名	才站起	身板直	声响亮	吐字清	说流畅
答问妙	要赞扬	答题错	不嘲笑	读书时	双手捧	读完后	书轻放
写字时	身坐正	腰挺直	脚放平	谈问题	莫大声	学别人	要虚心
下课了	该休息	说再见	后离椅	课间乐	莫打闹	做游戏	有意义
广播操	要做好	炼身体	争达标	保视力	做眼操	明要求	要做到
集合时	快静齐	不喧哗	守纪律	做值日	要积极	爱劳动	要勤劳
讲卫生	不乱抛	剩饭菜	不乱倒	做作业	要独立	按时完	写工整
个人事	应自理	家务活	要学习	衣和物	放整齐	学做饭	会洗衣
过马路	走横道	乘车船	要买票	买东西	按顺序	看影剧	不吵闹
保古迹	爱益鸟	护庄稼	爱花草	迷信事	要反对	坏书刊	不去瞧
烟酒赌	不能沾	不玩火	防危险	好与坏	要分清	坏行为	敢斗争
守诺言	处事公	逆境勇	顺境谦	今自信	明自豪	好习惯	常对照
胸怀志	报国家	有教养	益终生				

图3-5-1 学生常规三字歌

班级学生常规守则

1. 守时

（1）我按要求出勤，有事及时请假说明缘由。当日由我的监护人向班主任电话说明请假理由并将书面请假条通过网络交班主任处备案。

（2）我日常7：00后入校，7：20前入位就座。

（3）我日常5：05放学。特殊情况以班级群内通知为准。

（4）集体活动，我根据安排要求准时参加。

（5）实验课、体育课按要求要提前5分钟就位。

2. 守信

（1）我诚实守信，检测、考试时不作弊也不参与作弊。

（2）我不说谎话、大话、空话，做事、对人不弄虚作假。

（3）我答应别人的事会按时做到，做不到的事表示歉意。

（4）我借他人的钱物会及时偿还。

3. 集会规范

（1）我会按要求穿戴。

（2）我会在活动前迅速安静，排好队。

（3）列队行进，带入带出时，我会保持安静有序，讲礼仪。

（4）我会在集会活动时，保持得体仪态和良好的精神面貌。

（5）升国旗，奏、唱国歌时，我会肃立，抬头挺胸，五指并拢，贴紧裤缝，脱帽、行礼。

（6）我会在唱国歌、呼校训时，声音洪亮。

（7）我遇事要离开时，会先报告老师。

4. 待人接物，雅行雅言

（1）我把书包放在不妨碍他人的地方。

（2）离开教室时，我会把桌子排齐，椅子靠好。

（3）上下课时，我起立向老师问好，道别。

（4）听到老师、长辈的合理安排与要求，我会立刻停止手中活动并听、记、做。

（5）下课后，如果别的班级还没有下课，我不会去影响他们上课。

（6）进出房间，我会先出后进；楼道内行进，我会右行礼让；乘车时，我会先下后上。

（7）中午就餐时，我会遵守秩序，不争抢。

（8）全班统一就餐，我不会别让他人等我。

（9）我会爱惜粮食，不挑食，不拖拉。

（10）我就餐时，不喧闹，不串位，保持礼仪显教养。

（11）我举止文明，言谈得体。遇事交流、申诉时，我会保持有理有节，讲礼仪。

（12）我不寻衅滋事，不打架骂人，不欺侮他人。

（13）我不说不传不健康语言，不造谣不传谣。

（14）保持教室、阅览室等公共场合，我保持安静。

（15）我不扔教材教具、作业、学习用品等。

（16）未经允许，我不进入他人房间；不动用他人物品；不拆看他人信件、日记。

（17）我会说普通话，用规范字。

（18）我不做不礼貌的小动作。

（19）我不做妨碍别人的事，妨碍别人要道歉。

（20）我尊重他人发言与想法，不随意打断其讲话。

（21）我尊重他人人格、宗教信仰和民族习惯。

（22）全校师生集会、观看表演、电影等集体活动中，我会做文明观众，不起哄滋扰。演出结束时，我会鼓掌致意。

（23）瞻仰烈士陵墓时，我会保持肃穆。

（24）物品器材用后，我会把物品归位，排整齐。

（25）我会讲究勤俭节约，不攀比。

（26）我提问必先举手，等待老师允许后再发言。课堂上发言，我会自觉起身。

（27）送东西给长辈，我要用双手；由长辈手中接东西，我要起立并用双手。

（28）任何时候见到任何老师，我都要说"老师好"。

（29）老师叫到名字，我会说"到"。

（30）人多的地方，我会有序排队，对人有礼。

（31）迟到时，进教室，我要说"报告"。经老师允许，我再进入。

（32）进办公室时，我要说"报告"。经老师允许，我再进入。

（33）捡到东西或金钱，我要设法归还或交公。

（34）同学受罚的时候，我不会嘲笑他、看轻他。

（35）同学间正常交往。我会做到善意、有理有节、有礼貌地对待别人。

（36）认识新朋友，我会记住对方的名字。

（37）我会尊重体贴父母长辈，不向父母提出超越家庭经济条件的要求。与长辈应对，有礼貌，有分寸。对父母长辈有意见，有礼貌地提出，不闹脾气，不顶撞。

（38）我会尊重父母意见和教导，经常把生活、学习、思想情况告诉父母。积极主动要求监护人参与家校联系本"家长寄语"的活动。

（39）我尊重给我提供帮助和服务的任何人，我怀有感恩之心并表示感谢。

（40）我有好表现时，不炫耀；我输给别人时，不生气、不气馁。

（41）别人有好表现，我会替他高兴。我会对竞赛获胜者或把某事做得特别出色的人表示祝贺。

（42）我不主动讨要奖励奖品。

（43）接到奖品和礼物，我不会嫌弃，都要说谢谢。

（44）与人交谈，我会注意眼神的交流和肢体语言的分寸。

（45）我会待客热情，起立迎送。

（46）我会维护国家荣誉，遇见外宾，以礼相待，不卑不亢。

（47）我会尊重外地人，遇见问路，认真指引。

（48）我不会帮同学占位子。

（49）进门时，如果后面有人，我会帮他扶住门。

（50）他人掉东西时，我会询问对方是否需要帮助。

（51）我会遵守公共秩序，对相关人员有礼貌。

（52）乘公共交通工具，我会主动购票。

（53）乘公共交通工具，我会给老、幼、病、残、孕妇及长辈让路、让座，不争抢座位。

（54）走路时，乘车时，我会守秩序，不吵闹。不打扰司机和别人。

（55）我会爱惜名誉，不受利诱，不失人格。

（56）我会对违反社会公德的行为，采取力所能及的劝阻行动。

（57）申诉时，我能做到有理有据，仪态得体。给老师提意见时，我的态度要诚恳。

（58）别的老师来代课，我也能守班规。

5. 仪容仪表

（1）我的头发整洁大方，我会定时剪理，常梳洗。

（2）我的指甲整洁，我会常修剪。

（3）我上学时，穿校服。校服、鞋袜整齐干净，美观大方。

（4）我是团员，我佩戴团徽。我是少先队员，我佩戴红领巾。

（5）我上课时，不佩戴首饰，不穿高跟鞋、拖鞋；不烫发、染发，不涂染指甲，不留怪异发型。

（6）我是男同学，不留长发，剃个光头也不好看。

（7）我坐、立、行姿势端正，行为文明。

6. 卫生素养

（1）我会保持桌面上，桌洞中干净整洁。我的物品摆放整齐。

（2）我不随地吐痰，不乱扔纸屑果皮。

（3）我见到纸花杂物会主动捡起，放到垃圾桶中。

（4）我会将垃圾分类，及时清理，不留教室。

（5）饭前、饭后，我会洗手，清洁口腔。

（6）午餐后，我会将餐盒小心放回，有序摆放。

（7）吃完饭，我会主动清理桌面与地面。自己的垃圾自己处理，自己的环境自己维护。

（8）我会注意维护洗手间的卫生，废纸入纸篓，便后要冲水，便后要洗手，把身边的病原减少到最少。

（9）集会活动后，我会主动清理垃圾并带走。

7. 公物爱护

（1）我取用公物，需先经批准。

（2）我爱护公共财产。使用公物轻开轻关，轻拿轻放。

（3）我不私用公物。我未经允许，公物不外借。

（4）公物用毕，我会及时将公物归还，归位。

（5）值日或大扫除后，我会将清洁工具放回原处。特别是拖把使用后，我会清洗干净，拧干后挂起来。

（6）用水后，我会关好水龙头；下课后，我会节约用电，低碳生活。

（7）我负责清校时，我会关闭电器电源，关锁门窗。

8. 劳动实践

（1）担任值日生时，我每节下课后都会把黑板清洁干净。

（2）我会用半湿抹布清洁黑板和黑板槽。我会将讲桌整理好。

（3）担任值日生时，我会负责课间操期间，午餐后，放学前教室整洁整齐工作。

（4）大扫除时，我会牢记整洁责任区，迅速就位，完成工作。我保证整洁工作期间不嬉闹。

（5）我会料理个人生活，衣物用品收放整齐。

（6）我会经常帮父母做家务。主动承担收拾房间、洗衣、做饭、洗刷餐具等力所能及的家务和其他劳动。

9. 集体活动

（1）我会积极参加社会、学校、班级组织的公益活动，学雷锋做好事。

（2）我积极完成社会实践，成绩优异、效果明显。

10. 爱护眼睛

（1）做眼操时，我会定时，定位，按规范做。

（2）我会注意爱护眼睛，注意阅读、写字姿势。

（3）我爱护眼睛，注意阅读、写字时的光线。

（4）我会注意用眼卫生，定时休息，缓解疲劳。

11. 运动健身

（1）对于运动健身，我会做到自律准时，积极参与。

（2）集体运动时，我会听从教练的指导，遵守纪律和运动规则规范。比赛时，我能服从裁判的判决。

（3）午餐后，我不会做剧烈运动。

（4）我会在运动后洗手、擦汗，不吃冰凉食品。

（5）课余时间，我会在户外游戏或锻炼。我会积极参加体育社团或俱乐部的活动。

（6）我会积极参照运动标准，提升身体素质，提升完成各项运动项目的能力，提高运动成绩。

12. 秩序守纪

（1）我承诺："研究问题时，我不扰别人。"

（2）我承诺："自习课上，我不随意下位走动，不出入教室。"

（3）我承诺："校内不带、不吃零食。"

（4）我承诺："学校走廊内不追逐喊叫、嬉笑打闹。"

（5）我承诺："要打球到操场。"

（6）我承诺："午休前听要求，午休时遵要求。"

（7）我承诺："不将手机带入校园。确需使用时，按要求由父母写书面申请给老师。经允许后，将手机交给班主任保管，按要求使用。"

（8）我承诺："保护文物古迹，爱惜庄稼、花草、树木、保护有益动物。"

（9）我承诺："不赌博，不参加封建迷信活动。"

（10）我承诺："不吸烟喝酒。远离毒品。"

（11）我承诺："远离不健康的报纸杂志，音像制品。自觉抵制不良网络信息。"

13. 安全

（1）我承诺："发现安全隐患，我要第一时间报告老师。"

（2）我承诺："有谁欺负我，我会让老师知道。"

（3）我承诺："遵守交通规则，不违章骑车，过马路走人行横道，不抢行。"

（4）我承诺："不买、不吃不洁食品。"

（5）我承诺："游戏玩耍时，安全第一，生命健康第一。"

（6）在校期间，出入校门，我要有班主任具名的出入证明。

（7）我自觉远离不安全、不适宜青少年学生出入的场所。

（8）我承诺："不在门口，楼梯处逗留，便于出入。"

（9）我承诺："外出和到家时，要向父母打招呼，未经监护人同意，不在外留宿。"

（10）我承诺："我不会私自进入禁止区。"

14. 团队意识

（1）我会牢记日常工作责任，工作主动到位。

（2）我会将个人、家庭、团队、班级视为一个整体。

（3）我能主动了解周围的同学，并努力做到善意、有礼貌地对待别人。

（4）我主动参加集体活动，积极维护班级荣誉，增进班级团结。

（5）我会为实现集体目标付出最大的努力，为形成良好班风、学风做出贡献。

15. 学习态度与意识

（1）我有学习目标并切实采取行动实现目标。

（2）我会每天做好计划——每日目标，每日行动，每日成就，帮助我实现目标。

（3）我有良好的自我反思的习惯和行为，善于总结经验。

16. 课前准备

（1）我听到二分钟铃后，会立刻进教室，到座位就座。

（2）二分钟铃响，我会备好物品，有序摆放。

（3）我会听清要求，参加课前活动，有效果、有效率，等待老师来上课。

17. 高效听讲

（1）我会听清老师的问题。

（2）我会听清老师的讲解。

（3）我会听清老师的任务。

（4）我会听清老师的要求。

（5）我会听清老师的归纳。

18. 课堂参与

（1）我会支持老师的安排，认真完成课堂练习等课堂教学安排。

（2）我的课堂练习会符合要求，规范规整。

（3）我的课堂练习会做到保质保量，效率高，效果好。

（4）我在课堂上要做到踊跃发言，勇于提出问题，敢于发表自己的见解。

（5）我会遵守合作学习的原则：① 不脱离课堂教学进程；② 不打扰别人；③ 在独立思考的基础上进行。

（6）我承诺："全班一起念课文时，要坐得正，看得清，念得响，有节奏。"

（7）我承诺："在课堂上，不做小动作（如玩笔、传纸条等）。"

（8）我承诺："在课堂上。不看与本课无关的书籍，不做与本科无关的事情。"

19. 勇敢展示

（1）我会在各级各类的活动中勇于表现自己。

（2）我会使用完整的句子回答所有的问题。第一复述问题并给出答案，第二给出主要理由，第三展开说明理由，最后重复问题并给出答案结束（即：所以，对于……，我的答案是……，原因是……）。

20. 有效笔记

（1）我要用好预习环节，做好笔记准备。

（2）我会使用符号、速记等技能，提高记笔记速度与效果。

（3）我会使用简略标记的策略，保证上课笔记不影响听讲。我会使用合作的策略，课下完善与补充完整自己的笔记。基本要求：是什么？为什么？怎么样？提倡思维导图；图形与文字结合。

（4）我会耳听、嘴说、眼看、心想、手写，借助思维的笔记更有效果。

21. 书写规范

（1）我的作业习作整齐整洁，美观大方。

（2）我的写字姿势端正。不歪坐、斜坐、趴桌子。

22. 任务清单，目标可视化

（1）我的作业记录完整清楚。

（2）我会利用任务清单和工作进度表来书面规定工作任务与目标。

（3）我每天列出一个应办事项清单，按重要顺序来排列，依次办理这些事情。

（4）我会做到学习任务"日日清，周周清，月月清"。

（5）我会坚持集卷、集错、纠错，温故知新。

（6）阅读成为我的习惯。

23. 自律自控

（1）我承诺："自己的事情自己做，对自己所做的事能负责。遇到成功，不骄狂；遇到挫折，不气馁。"

（2）我不会将错误的原因推给别人。

（3）我不会把错误作为另一错误的理由。

（4）我不会把别人的错误当成自己犯错的理由。

（5）我承诺："先复习再做作业，熟能生巧的基础是夯实记忆。"

（6）我承诺："勤奋好学，先做功课再游戏。"

（7）我会有良好的生活作息规律，按时作息。

（8）我会高效使用零散时间。

（9）我承诺："晨间进入教室后，积极主动地按照要求完成早读活动。"

24. 作业

（1）老师在指定作业的时候，我不会叫苦。

（2）有质量地做好作业是我的本职义务，不会依赖他人。

（3）做完功课，我会检查，错误百出是给自己添麻烦，也是给周围的人添麻烦。

（4）早晨入校，我会根据要求，迅速有效地将作业上交。

25. 复习记忆

（1）我必须重视复习记忆，不畏难，不拖延。我要做、能做，更要会做。

（2）我会做好计划。

（3）我会通过合作的方式，提升记忆的效率和正确率，加深理解，养成习惯。

（4）我会使用文理交替的方式，科学用脑。

（5）我记忆的成功不在时长，而在频率。

（6）好记性不如烂笔头。我会用勤写来帮助我的记忆。

（7）我的语文记忆重点方法是多读成诵，对于古诗文做到理解记忆。

（8）我的英语记忆重点方法是多听、多读、意群记忆。听读提升我的语感，记忆美文范文，聚焦典型句式，短语搭配，语法关系，帮助我建立英语和母语的关系。

（9）我的政史记忆重点方法是先记目录提纲，抓关键词，把大段标注序号，分成小点。小步走，勤反复，多时段记忆。

（10）我的数理化概念、定式、定理记忆方法是建立思维导图，形成知识树。

26. 学习物品打理

（1）我会收拾书包，带齐东西上学。

（2）我会使用作业袋，将要交的作业放在一起。

（3）日常，除当堂课所必须的教学材料外，我的桌上要整洁干净，有学习的空间。

（4）我的物品摆放有规律。一段活动结束后必须迅速把物品收拾整齐。

（5）我自己的物品用完要归位。

27. 自学自修

（1）发生疑难时，我会先尽力再借力。

（2）自习课上，我会无声自习。

（3）自习课上，我不做与学习无关的事。

28. 互助互学

（1）我能与他人合作完成任务，主动积极与他人交流与分享。

（2）我关心他人。能与同学团结互助，正常交往。

29. 博闻广记，知乎达人

（1）我能积极主动地进行研究性学习，勇于创新。

（2）我兴趣爱好广泛，情趣健康。

（3）我能够欣赏高雅的音乐以及其他艺术作品，并有自己独特的见解。

对于任何年龄段的学生来讲，《班级学生常规守则》既是约束性的班级公文，也是目标指向性的个人发展宣言。对于任何学段的班级来讲，班级的主体都是学生，学生的现实表现和预期发展都决定着班级的面貌、实力和潜力。

《班级学生常规守则》的制定是班主任与班级学生合作的结果，但是就发挥的主导力量比重来看，制度条文内容不同，两者的力量就有主次之分。

对于针对班级系统在运转过程中，出现的或可能出现的问题，班级以合格标准做出的规定或预防性规定。如有关"守时"的条文制定，学生既是主导也是主体，班主任最多发挥提醒、文字表述方面的润色等方面的参考作用。当然，班主任可以建议学生以团队为单位，结合《班级公约》《团队公约》《个人规约》，更加有针对性地制定、汇总、合并、增减和润色。"公约"是要求和目标，"守则"就是要求和保障。

面向学生素养提升，尤其是生活习惯、行为习惯、学习习惯养成方面的条文内容，更多的是一种目标、一种期待、一种鼓励，是从学生发展的角度，推动学生养成习惯、树立意识，形成价值观。这些条文的前瞻性特点，要求班主任发挥自己的主导作用，运用自身的专业素养和阅历积累，带领、引导学生参与制定。通过学生的广泛参与，班主任首先做到的是对条文内容的广泛宣讲和传播。其次，制定过程也是班主任进行习惯和意识教育的过程，尤其是通过班级现状的点评，成功榜样的示范，美好前景的描绘，引导学生从内心感受到良好的意识、习惯对一个人成功的重要性，唤起学生成长的内驱力。最后，学生的广泛参与落实在内容的主动表述上，《常规守则》的每一项、每一条、每一款均使用第一人称书写。体现学生在班级制度体系中的主体地位，更是从主观上激发学生的行动力。

四、班级制度文化——班级制度体系的形成与发展

班级有《班级公约》《班级常规守则》，只是有了制度建设，但并没有形成制度体系。班级的制度体系是围绕《班级公约》建立起来的，体现群体价值观的管理制度体系和评价激励机制的总和。管理制度的目标和功能，不在于强制学生的服从，维护班级的表面平静，而是明确学生作为班级主体的权利和义务规范学生的行为，培养学生的良好意识和习惯；评价

激励制度的目的不在于对学生行为的监视和惩罚，而在于从班级层面实施的对于学生行为的政策性引导，以唤起学生自我评价、自我教育、自我成长的内在动力，激励学生从意识、行为，再到价值观的建构形成，以达成预期的结果。

从科学管理班集体的角度来说，班级制度管理体系一般包括班级组织架构、岗位职责、管理流程、常规守则等；班级评价激励制度一般包括个人生活评价、个人行为评价、个人学习评价、个人岗位评价、团队合作评价、各次主题活动评价、综合评价、违纪处理、"立功受奖"与班级学分激励政策等。

《班级公约》是班级共性价值观的集中体现，是班级制度的建立之基，班级的各项规章制度不能违背《班级公约》的精神。每当班主任签字颁行一个具体的规章制度前，必须进行符合度的检查，不能使具体制度与《班级公约》产生违背和冲突。

当然，班级制度体系是以班级管理、学生成长作为制度执行的基本出发点，带有比较明显的实用性特点。班级管理需要什么，师生就要通过民主协商建立相应的制度。制度的逐步完善和健全、制度与制度间围绕学生发生的关联越来越多，就形成了制度体系；班级发展进入不同的阶段，班情、学情发生了变化，相应的制度就随之发生增减、合并，政策激励的形式、内容和强度也会随之变动调整。所以，班级制度体系是一直处于内容的"变"与目标的"不变"的动态平衡中。

班级制度是班级文化的重要组成部分，是班级文化的保障和支撑。但如果没有挖掘制度的导引作用，没用作用于学生价值观的形成，那制度就只能称其为制度，而不能称为制度文化。从根本上说，要看班级的制度是否是通过师生各方民主协商的方式产生的、维护的、完善的，班级制度的内容、执行是否贯彻了以人为本的理念，是否保证学生公平享有了安全的班级环境，班级制度的存在是否体现了班级的核心价值，是否体现了班级的独特性，是否对学生的意识、行为、价值观有正向的积极影响。只有满足了上述要点的班级制度体系才能称其为班级制度文化。

我认为，用中国古代的百家思想来套用班级管理文化，用"百家争鸣、百花齐放"形容也不为过，而且班级的管理水平越高，发展水平越高，就越呈现文化的融合性。贯彻文化立班、人本管理的班级，将共性价值观的建立、推广、认同、普遍实践作为班级工作核心来实施。这样的班级在建班伊始呈现出的是显性的班级教室环境布置的系统性考量和模块化建设，制度体系的建立与健全对班级运行体系的保护和支持。但是，这样的班级对于制度的沿革执行绝不是为了控制和压迫学生，而是通过制度的实践树立学生的意识，引导学生的行为，养成学生的习惯，推动学生形成健康、积极的世界观、人生观和价值观。这样的班级将管理的目标不仅仅放在眼前，不仅仅是维护班级眼前的平稳，而是更多地把眼光放在学生的将来，放在为学生一生打下基础，提供学生的向善、向上、成长与成功的动力。这样的班级，随着班级文化的不断完善，低层次的制度会不断被淘汰、整合、提升，直至当学生的行为已经成为自觉，也就是当群体价值观与个体意识融合，以规则意识为先导的九种意识深深根植于学生头脑中的时候，制度的需要也会消失。可见，班级文化管理的终极意义就是开始的"管"是为了将来的"不管"。

五、班级制度文化——班级多元评价激励体系的形成与发展

哈佛大学的一位前校长曾经这样说："我们的学校并不以培养出几个国家总统而骄傲，也不以培养出众多的诺贝尔奖获得者而骄傲，我们最引以为豪的是在我们的学校为每一学生的发展都提供了无限广阔的自由空间……"

图3-5-2　学生是教育的原因

同样，我们的学校、班级也要为学生的发展提供自由的空间，满足学生个性发展的需求。同时，我们更要继承和发扬在我国长期教育实践中的先进经验，如群体与个体的关系建设、班级的制度文化建设。活出自己是人生的精彩，但人生的精彩离不开群体的关系，离不开集体与个人的互动、心灵的沟通和精神的融合。否则，个体的发展就失去了基础和出路。班主任应该积极建设并完善班级对学生发展的引导作用，着力通过班级制度文化的建设、完善，引导学生的行为，树立学生的意识，凝聚学生的核心价值观，推动班级文化的整体提升，把班级

建设成为学生的生活共同体、学习共同体、发展共同体，让每一名学生在共同体中和谐发展，成长为具备科学和人文素养的国家公民和建设者。

班级的制度体系包括管理制度和评价激励制度两个分支。评价是班级立足核心价值观，根据各项规章制度的具体要求，按照特定的程序、流程对正在进行的班级工作的质量检查或完成程度的监察，也可以是对已经完成的班级工作的成果水平的检查、核查。无论何种班级评价，其目的都是通过检查，发现集体或个人发展的成果水平和问题，找出现实的差距，对照目标，明确发展的方向，推动集体和个人的发展。可见，促发展是班级评价激励机制的根本目标和原则，评价激励制度倡导什么样的价值观，就会引导、推动学生采取什么样的行为和行动。

评价应该是多元参与的，一套环节比较完备的评价包括学生的自评、团队成员的互评（组评）、师评、家评、综评等评价主体的参与。其中，最为核心的是提升学生在评价中的主体地位，发挥学生自评的导向作用最大化。班主任应该着力为学生提供相对更多的机会，公开、公平、公正地推动学生积极使用评价自主权，引导学生通过自我评价、自我反思，发现自己的优势长处和不足，明确发展的方向和潜力，激励学生将优势最大化，并将优势的力量向学生不足的方向潜移，做到扬长补短，满足学生个性发展需要，推动学生全面发展。

班级的评价激励不能统一规格、"齐步走"。好的评价激励机制是体现人本主义思想的，是以学生实际状况为起点的。人无全才，尊重学生就是要尊重学生的个体差异，尊重学生各具智力特色，更是明确学生进步起点的不同，尊重学生发展的内部不均衡性；维护公平就是要看到学生进步所付出的代价和努力不同；信任和包容学生就是承认和接纳学生的成功和成就不仅仅限于学业。"天生我才必有用，行行出状元"，教育的价值是实现学生自身的价值成长，为国家、社会、家庭培养有担当、有能力的建设者。

评价激励发生在班级建立之后的每时每刻，贯穿班级每一天的常规管理、每一次的主体活动之中，体现着班主任对于学生的关心和关注。其核心工作是面向全体学生，关注学生发展的全过程，注重日常激励和阶段终结性评价相结合，缩短评价周期，"小步走，勤反馈"，综合运用定量评价和定性评价方式，注重学生的态度变化、行动改善以及这些变化所带来的实践能力、创新能力方面的提升，意识、习惯方面的进步，并通过量化的、质性的结果反馈，用评价推动学生内在意义和价值的提升，实现学生的全面发展。

为了能够实现对学生发展的全过程关注，减少评价的片面性和误差，提升评价激励的导向作用，班级评价激励制度应该多角度实施，多方法运用，分项考评，综合评定。同时，贯彻个性化、发展眼光和赏识教育原则，促进优势迁移，强化学生自身的内在素养。

班级评价、激励制度的若干组成要素有以下几点。

1. 评价方法

班级常用的评价方法包括观察记录法、访谈法、书面测验法、问卷调查法、成果积累展示等。

2. 评价的机构及流程

班级评价的公平、公正、公开，维护了班级评价的权威性，也就维护了班级制度的权威性、班级文化的生命力、班级人际关系的和谐与团结。可见，班级的各项评价除了平时各种信息、数据的收集、记录、整理、汇总机制以外，还必须有完善的评价机构和评价流程做支撑。

（1）数据来源。

① 学生：个人行为说明（由团组长汇总），《你的优点我来夸》或《优点积累卡》（两者二选一，由团队长汇总）。

② 学生家庭：《学生居家观察记录表》《学生家校联系本》（由值周班长汇总）。

③ 团队长：《好人好事记录本》《学生获奖记录本》《学生优点积累卡（汇总）》。

④ 团组长：观察学生表现，汇总学生个人行为说明，依据《班级学生常规守则》，出具《常规表现反馈单》，汇总成《团组日志》。

⑤ 值周班长：汇总各方数据，完成《班级量化积分汇总表》。

⑥ 值日班长：《班级日志》《常规量化专项记录表》

⑦ 班委学习部门（学习班长、科代表总监）：《课堂日志》《学生成绩档案》《学生复习记忆任务档案》《学生作业档案》。

⑧ 行政班长：《社团活动记录表》《团组活动记录表》。

（2）推荐机构。

① 学生自荐。按要求完成书面自荐理由和证明材料，准备演讲和口头答辩材料，完成后上报。

② 值周班长负责召集值日班长。组织完成推荐人选、推荐理由、推荐材料后上报。

③ 行政班长负责召集班委部门负责人，团队长、团组长。组织完成推荐人选、推荐理由、推荐材料后上报。

④ 学习班长负责召集科代表总监、各学科科代表、团队长、团组长。组织完成推荐人选、推荐理由、推荐材料后上报。

（3）评定机构及流程：材料汇总到班级管理委员会。班主任、科任老师、全体学生、家长（网络投票）共同参与，保证公开、公平、公正。结果公示不少于三天，原始数据永久保存。宣传部负责表彰，颁发给获奖者奖状，制作表扬信通报学生家长，制作海报，在班级"榜样的力量"以及班级公众号表彰宣传。

3. 班级常用的评价活动载体

（1）"成长，我能行"生活习惯、行为习惯提升，积分行动计划。

（2）"今天，我在登攀"学习力提升，积分行动计划，落实"人人都是成功者"班级多元奖励原则。

4. 班级常用的评价物质载体

（1）个人行为说明，《你的优点我来夸》《优点积累卡》《学生手册》。

（2）《常规表现反馈单》。

（3）《常规量化专项记录表》。

（4）《学生成绩档案》《学生作业完成档案》《学生复习记忆任务完成档案》。

（5）学生家校联系本，《学生居家观察记录表》。

（6）团队好人好事记录本，团队获奖情况记录本。

（7）《团组日志》《课堂日志》《班级日志》。

（8）《社团活动记录表》《团组活动记录表》。

（9）《班级量化积分汇总表》。

（10）学生学分储蓄卡。

（11）《班级年册》。

5. 班级评价的呈现方式

班级评价激励制度的建立与完善，随着班级的发展状况和发展需要不断变化，以推动班级文化的形成，发挥引领、导向作用，满足集体与个体的发展需求。评价是为了引领学生的发展方向，如果某项班级评价和激励制度违背了班级文化的核心，阻碍了班级文化管理的实施，那就证明这项评价激励制度是必须进行改革革新的。班级多彩的生活，学生多彩的个性发展，造成班级的评价激励机制也是以学生现实情况为出发点、多角度开展的，其目的就是以发展的眼光关注学生、关心学生，发现每一个进步，给予支持、强化、放大和迁移，推动学生获得公平的全面发展。可见，发展性评价是班级评价激励体系中最重要的评价方式。

6. 班级评价的时间周期

（1）一天一评价、一奖励。

① 常规表现反馈单（评语加量化）。

② 家校联系本（评语）。

③ 两惯养成量化记录表（量化），学生学习力成长记录表（量化），学生学习任务完成效用记录表（量化）。

（2）一周一评价、奖励。

① 学生居家观察记录表（评语加量化）。

② 学生手册（评语）。

③ 每周耀眼之星（奖状，名额不限，项目不限，关注起点，发现进步，及时表扬，形成强化）。

④ 周班级公仆星（奖状）。

⑤ 每周优秀值日班长（奖状）（面向班级岗位管理制度体系，带动班级团结、积极、向上，敢担当、敢作为的干部作风）。

⑥ 学生学分储蓄卡（量化）。

（3）一月一评价、奖励。

① 每月优秀学员（奖状、表扬信）。

②每月耀眼之星（奖状、表扬信）。

③月班级公仆星（奖状、表扬信）。

④月班级优秀值周/值日班长（奖状、表扬信）。

⑤学生学分储蓄卡（量化）。

（4）半学期评价、奖励。

①对于学生的生活习惯、行为习惯、学习习惯、学习成绩、干部履行岗位情况进行期中综合评价、系列表彰（奖状、表扬信）。

②学生学分储蓄卡（量化）。

（5）学期评价、奖励。

①学校评价方案（奖状）。

②感动班级十大人物（奖状、事迹、评语）。

③优秀家庭教育明星（奖状、事迹、评语）。

④对于学生的生活习惯、行为习惯、学习习惯、学习成绩、干部履行岗位情况进行学期综合评价、系列表彰（奖状、表扬信）。

⑤学生学分储蓄卡（量化）。

（6）学年评价、奖励。

①班级年度风云人物（奖状，事迹、评语）。

②班级年册（成果展示、事迹、评语）。

（7）不定期评价、奖励：专题活动评选。

7. 综合评价、系列表彰

（1）对学生生活和行为方面的意识、行为进行引导，进行"成长，我能行"系列评价、奖励活动。具体包括守时星、诚信星、纪律守纪星、团队贡献星、安全意识星、劳动意识星、卫生意识星、公物爱护星、物品打理星、文明礼仪星、仪容仪表得体星、勤俭星、亮眼星、运动达人、科技达人、艺术素养星、公益活动星、社会实践星等；面向班级岗位责任人开展的荣誉班长、优秀班级公务员、优秀科代表、优秀值周/值日班长等项目的评价、奖励，以及针对具体事务、活动开展的优选板报、优秀艺术活动、优秀实践活动等的评选、奖励。

（2）针对学生学习习惯、学习成绩方面，进行"今天，我在登攀"学习力提升系列评价、奖励活动。具体来讲，学习意识提升和习惯系列养成方面包括条理规划性、课堂参与星、高效听讲星、高效笔记星、阅读达人、朗读达人、演讲达人、书法达人、记忆达人、勇敢展示星、作业规范星、自学自律星、惜时星、互助互学星、好学好问星、优秀学法实践星、学科带头人等；针对学生学习成绩，包括学习（综合）标兵，学科明星、学科成绩进步星等。其中，学科成绩进步星以限定人数的方式进行，如某某学科成绩进步前三名；也可以依据班级学情分析，班主任考试前组织学生以自己已经取得的成绩为起点，自我分析学习实际，引导学生自主设定进步目标。考试后，班级以学生实现自定目标的情况给予积极评价和奖励。这种做法的优势在于，事前、事后均发挥学生参与评价的主体作用。学生在参与活动的过程中，反思自己的学习行为，有哪些优势进步，有哪些劣势不足，考试成绩的进步或退步，进步目标的实现或未达成，原因在哪里，与前阶段自己的学习意识和行为有什么关联。更重要的是，评价和激励的机制所引发的这些思考和反思，会给学生提供新的发展目标，激发他们的内在行动力，更有利于学生的发展和进步。

8. 班级常用的反馈载体

（1）量化类——学分、奖惩卡。

（2）评语类——学生生日贺卡、表扬信、奖状、学生优点记录卡等。

班级评价激励机制相对灵活，应是学校相关机制的有效补充。学校的评价周期通常是一学期或者更长，评价标准相对固定，标准高、面窄是其缺陷，评价的选拔性更明显。而班级每天发生的事情都是新鲜的，学生的表现起起伏伏，班级能够对于全体学生的表现给予观察与记录，以每个学生的进步作为评价激励的标准，做出阶段性的、合理的积极评价反馈。这不但显示出班级对于每一名学生的关心、关怀，更能及时强化学生良好行为，提醒警示不良行为，引导学生的行为发生积极变化，激励学生发生持续的进步，减少学生出现成长反复的可能性。就像我在班级中常说的那样，"你的每一丝闪亮，我们都会发现"。当班级评价关乎每一名学生，当班级评价在乎每一名学生的点滴进步，班级的评价才体现出以人为本的精神，发挥出巨大的导向作用。

六、具体做法及特点

1. 学生家校联系本

家校联系本（见图3-5-3）包含六项基本内容：课后重点任务记录、放学时间、到家时间、本日小结、明日计划、家长寄语、班主任寄语等。此外，团组长可以通过家校联系本将常规表现反馈单（见图3-5-4）公示给学生监护人。

学生今日小结（1）内容节选（见图3-5-5）。

学生今日小结（2）内容节选（见图3-5-6）。

学生今日小结（3）内容节选（见图3-5-7）。

学生家长寄语节选（见图3-5-8）。

班主任寄语节选（见图3-5-9）。

学生家校联系本是学生、学生家长、班主任之间的沟通桥梁，也是个体与集体之间的沟通渠道。学生在每日小结中，主动回顾、主动思考、主动认知自己的成功，发现自己的不足并对明日计划进行有针对性地规划行动。同时，学生小结的字里行间充满了情感，他们在主动关心着自己，关心着伙伴，关注着集体。积极向上、向善的情绪，推动着学生意识的树立，落实于行为和习惯的养成。家长寄语、班主任寄语则是"爱"的传递、教育正能量的传递，是建立在对孩子尊重、信任、包容基础上的引导和鼓励。通过学生家校联系本，班级团队成员之间的隔阂被消除，师生之间、生生之间、家校之间

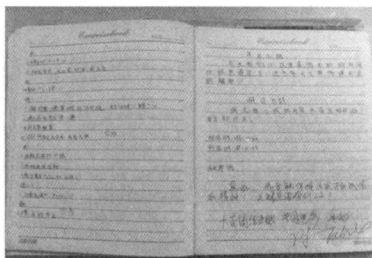

图3-5-3　家校联系本

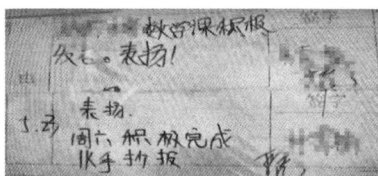

图3-5-4　常规表现反馈单

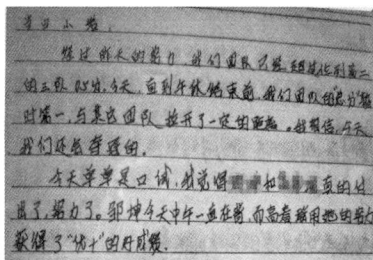

图3-5-5　学生今日小结（1）

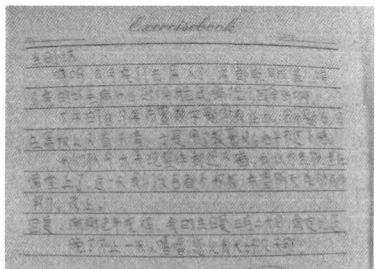

图3-5-6　学生今日小结（2）

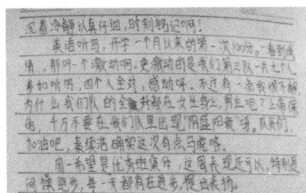

图3-5-7　学生今日小结（3）　　图3-5-8　学生家长寄语　　图3-5-9　班主任寄语

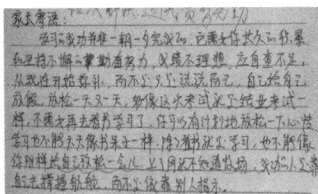

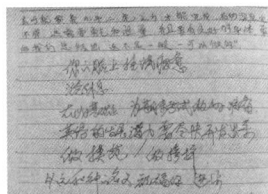

的关系得到改善、维护和提升，为班级有效文化管理的开展、和谐亲子关系的建构、家庭幸福指数的提升，尤其是学生的自主教育、自主发展的推动提供了有力的保障。

2. 班级日志（见图3-5-10、图3-5-11、图3-5-12、图3-5-13）

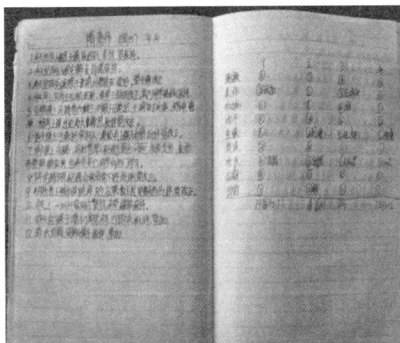

图3-5-10　班级日志（一）

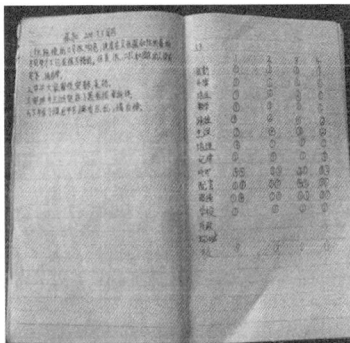

图3-5-11　班级日志（二）

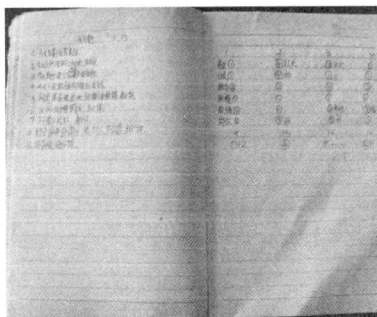

图3-5-12　班级日志（三）

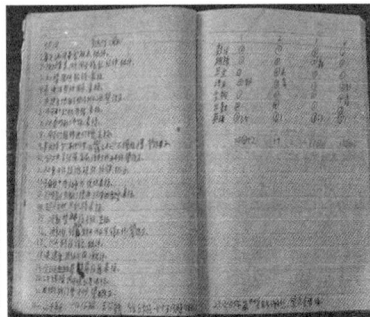

图3-5-13　班级日志（四）

主要项目：每日班级大事记、班级亮点工作、学生优秀行为、存在的不足或需要提醒引导的地方、小组合作评价量化成绩、其他事项。学生主导、主体双责任。全体参与，在观察和实践中，建构每名学生的意识，引导他们的行为。

3.团组日志（见表3-5-1、表3-5-2）

表3-5-1　团组日志表

团组_____日志表

团队景气指数

"+"正面上升　　"-"负面下降　A优秀　B优良　C良好　D合格　E不合格

	管理	生活习惯 行为习惯	学习习惯	诚信	任务完成
指数评价					
描述评价					

内容	描述性评价
守时	
守信	
集会规范	
待人接物，雅行雅言	
仪容信表	
卫生素养	
公物爱护	
劳动实践	
集体活动	
爱护眼睛	
运动健身	
秩序守纪	
安全	
团队意识	
岗位职责	
学习态度与意识	
课前准备	

续表

高效听讲	
课堂参与	
勇敢展示	
有效笔记	
书写规范	
任务清单、目标可视化	
自律自控	
作业	
复习记忆	
学习物品打理	
自学自修	
互助互学	
博闻广记、知乎大人	

表3-5-2　任务完成情况团组记录表和课堂情况团组记录表

任务完成情况团组记录

	记忆任务	强化任务	集错纠错	书面
语文				
数学				
英语				
物理				
历史				
道法				
体育				
地理				
生物				
其他				

课堂情况团组记录

亮点	不足

4. 课堂日志（见表3-5-3、表3-5-4、表3-5-5）

表3-5-3　课堂日志（一）

_____课堂日志

节次	课堂表扬	课堂问题	综评	教师签字
早读				
第一节				
第二节				
第三节				
第四节				
午间				
第五节				
第六节				
第七节				
第八节				
备注				

项目	科代表	课前准备	高效听讲	有效笔记	课堂参与，好学好问
语文					
数学					
英语					
物理					
化学					

项目	科代表	课前准备	高效听讲	有效笔记	课堂参与，好学好问
历史					
道法					
体育					
地理					
生物					
美术					
音乐					
信息					
地校					
总结					

表3-5-4　课堂日志（二）

班级			年月日						星期		
节次	学科	授课教师	课堂记录								备注
			课堂纪律			学习态度			文明礼貌			
			好	一般	差	好	一般	差	好	一般	差	
第一节												
第二节												
第三节												
第四节												
第五节												
第六节												
第七节												
第八节												

表3-5-5 课堂情况记录表

_____周 星期_____课堂情况记录表

节次	课堂情况实录	课堂评价 优良达未达	教师签字
早读			
第一节			
第二节			
第三节			
第四节			
第五节			
第六节			
第七节			
第八节			

6.学生手册（见表3-5-6、表3-5-7、图3-5-14、图3-5-15、图3-5-16、图3-5-17）

表3-5-6 "青春飞扬我最棒"可视化任务清单

姓名		团组		周次		时间			
我的理想									
赶超目标									
学科进步目标									
读书记录									
我的总结与反思									
我的感激与感恩									
体育锻炼									
每日5,周总25	学习态度	自律自学	时间达人	互助互学	早读晨读	阅读习惯	笔记	积累	
自评									

续表

组评								
师评								
家评								
合计								

任务清单完成记录表要求

1. 根据群内任务要求实施；

2. 家长评价分项打√（记5），×（记0），拒绝（记–5），家评合计，班级复查，群内反馈；

3. 每日记（校外重点）、每日练检、每日纠、限时捕猎（班级常规活动）

记忆要求：上课听讲高效笔记（内容齐重难点突出字迹清楚），及时记忆1～3，强化5～8。

学科扩展内容建议

语文：课外阅读。数学：计算，图形结合。英语：听力与口语，阅读与写作。物理：概念与实验的准确表达。历史：知识与案例结合。道法：知识与案例结合，实事。地理：知识落实于地图。生物：知识落实于实物。

日期	项	记忆	强化	纠错	书面——先记后写	书写	家评合计	反馈备注
周一	语							
	数							
	英							
	物							
	历							
	政							
	地							
	生							
周二	语							
	数							
	英							
	物							
	历							
	政							
	地							
	生							

日期	项	记忆	强化	纠错	书面——先记后写	书写	家评合计	反馈备注
周三	语							
	数							
	英							
周三	物							
	历							
	政							
	地							
	生							
周四	语							
	数							
	英							
	物							
	历							
	政							
	地							
	生							
周五	语							
	数							
	英							
	物							
	历							
	政							
	地							
	生							
周末								

表3-5-7 我的成长记录表

个人主页

民族		生日			住址			个人电话	
我的理想			我的榜样			父亲生日			
						母亲生日			

身高（cm）	体重（kg）	胸围（cm）	脉搏（次/分）	血压（kPa）	肺活量（mL）	心肺	肝脾	沙眼	龋齿	色觉	视力	
											右	左

我的目标

	起止时间	
第一阶段	本阶段目标	
	自我评价	
	家长评价	
第二阶段	起止时间	
	本阶段目标	
	自我评价	
	家长评价	
第三阶段	起止时间	
	本阶段目标	
	自我评价	
	家长评价	
第四阶段	起止时间	
	本阶段目标	
	自我评价	
	家长评价	

续表

读书记录	
我的成功	
我的反思	
说说同学	
说说老师	

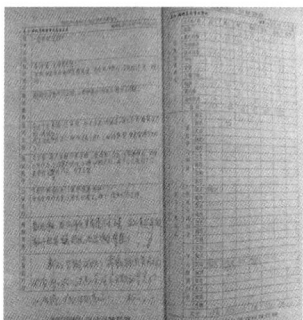

图3-5-14　手册（一）　　　图3-5-15　手册（二）

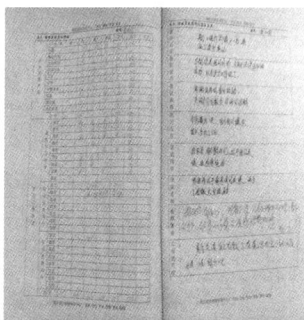

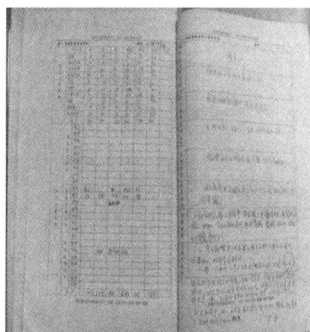

图3-5-16　手册（三）　　　图3-5-17　手册（四）

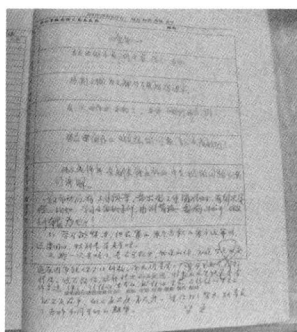

（1）学生内容节选（见表3-5-8）。

表3-5-8　学生表记录

我的成功	英语第一次听写达标了。寒假团委布置的任务做得很成功。老师评价时，获得了表扬

续表

我的感恩	谢谢郭老师及时点醒，让我知道自己与团队都出了问题
我的反思	最近我十分浮躁，经常犯一些不该犯的错误。我会尽快调整状态，请老师放心

（2）教师寄语节选。

① 每天把作业、检测等各类成绩记录下来，做到真实详细，有利于把握发展现状，做出适时调整。

② 学习部长应有工作预案，当出现工作困难时，有解决途径。比如，学习小组长未到，由谁替换？要有计划，做到有备无患。

（3）父母的叮嘱。

① 新的学期开始了，希望你继续发扬优势，努力缩小与先进的差距，本学期取得更好的成绩。我们相信你！

② 做事是否失误，自己要有数。基础扎实了，就没有失误一说，努力吧！

学生手册的内容设计继续面向学生意识养成、习惯培养。如果学生家校联系本的项目设计关注了学生每天的活动，学生手册的项目设计则应注重学生发展阶段目标的设置、实施的过程、完成的结果、学生自身的反思与感悟、来自班主任和家长的关注等方面，形成系列的班级文化管理载体。

6.班级年册（以2011年，我所带七年级的年册为例）

图3-5-18　班级年册（一）

初中三年犹如一次长跑。有的同学起跑就快，而且一直是最前面领跑；有的品质虽然难倒始终没有掉队；有的同学一开始就跟及跟上，拉开的距离越来越大……现在起初一上学期即将结束，你处在哪个位置呢？你是那只冲在最前面的千里马？还是那只自认为自己是蜗牛的兔子？你是那只不怕死的出生牛犊？还是那只胆怯最后的小绵羊？你若是好逸恶劳，那么你的将来不会善待你！你若现在给自己一定的压力，那么你的未来就有无穷的潜力！学习的道路上肯定有你是想不到的困难，你若能咬紧牙关，克服困难，做到"脏不怕、累不怕"，坚持不懈，就会赢得属于你的成功。

如果你学业水平处在中等，目前成绩不够突出，比上不足，比下有余，老师们送给你这样一句话："竭尽所能，尽可能为自己创造进步的机会。"可能你心中正充满着不服，是最好干的，力量上瓣会有不少……其实你也能成为出色的学生，在你的身上，老师寄托了巨大的希望。当然，首要条件是你能学会控制自己，抓紧时间，做事多点心、恒心。那么，你定会更出色。

如果你的学业水平比较优秀，老师也也送你一句话："天将降大任于斯人也，必先苦其心志，劳其筋骨，饿其体肤，空乏其身，行拂乱其所为。"作为学习优秀生，你承载了比别人更多的压力，而你自己拥有更多的自觉自励性，有相当强的自制力、思维敏捷、意志坚强、积极上进，对自己有较高的要求，成绩在班级中也不错。但要提醒你的是：山外有山，人外有人。一句话说得好"你不优秀并不可怕，可怕的是优秀的人比你更努力！"君不见，他人正努力完善知识结构，以求能够精益求精；君不见，他人已未雨绸缪，发奋拼搏，以求所向披靡，独占鳌头？德、智、体、美综合素质的提高，那一方面是"逆水行舟、不进则退"，暂时取得的成绩，固然可喜可贺，但走好前面的路，更进一步！

如果你在学堂上感觉比较困难，成绩不理想的话，老师有引用《士兵突击》中的话"不抛弃，不放弃"送给你。成绩你有余力力不足，学习上遇到困难时候，或者你曾经过过时，只说不错，让你紧或多或少的让老师们相信和信心，但老师相信：你和老师都不会放弃。

最后，老师真诚地将我的心声传递给大家：无论年少还是年华，无论熟悉事的少年，亲爱的内向温顺的女孩，无论你那稚美丽，无论成绩优秀，你们早已如同我们自己的孩子一样，为你们焦虑，为你们把握，为你们的进步前赴后继万分，为你们的懒惰忧心如焚。曾经，你们那么信任的目光向我，今天，明天，我也将把自己全部的知识、全力与大家共同奋战、策马扬鞭、扬帆启航，直抵胜利的彼岸！

2011年1月15日

2010级(6)班是青岛市第五中学百花园中意最靓的一朵奇葩。27个调皮可爱的小男子汉；20个乖巧伶俐的女千金，组成了一个温馨又团结的大家庭。"团结就是力量"/我相信集会体师生的精诚协作，同心共荣，就则有定会属于勇敢的政途者/"咬紧我爱，咬紧我爱"是每个人努力的目标，"态度决定一切"又是大家共勉的动力。相信不久的日子，我们(6)班一定会实实妯妯坚的充茂/

图3-5-19 班级年册（二）

目 录

图3-5-20 班级年册（三）

图3-5-21 班级年册（四）

图3-5-22　班级年册（五）

图3-5-23　班级年册（六）

（1）学习经验交流篇节选。

① 毕晓晔同学的"进步"经验（见图3-5-24）。

毕晓晔同学的"进步"经验

　　我从来没想过这次的期末考试会有这么大的进步，从63名提高到16名，从第三考场提升到第一考场，47个名次的进步，我更是从未想过，我只是一直在对自己说"要加油进入第二考场""要比上次的名次有所提高"这些话。

　　期末考试是六门学科，语数外、史地生，想要总排名靠前最重要的一点莫过于不能偏科，一旦偏科，第一考场、第二考场就与我无缘了。

　　期末考试前一个月，因为地理学的不太扎实，每天都会用大量时间去复习地理，一回家写完作业就抱着地理书，看那些我一知半解的"天书"，但是用心看了，就喜欢上这门学科，也不会觉得它枯燥无味了，也会学进去，而不是一味的死记硬背，很多知识只需要理解就可以了。这大概是我这次地理考得好最重要的原因了！因为对我来说，要真正学好一门学科，要先对它感兴趣才可以。

　　这次考试，语数外的成绩都有进步，其中进步最大的就是数学了。其实那些令人费尽脑汁的难题，解决它们也并不难，要静下心来，抚平心中的急躁，一步步，认真的审题，思考解题思路，每一步认真仔细，不要马虎抄错数据，更要理解好题意，不要马马虎虎、粗略一看答题要求就开始做，那样可能会丢分的。

　　但这次考试也有许多遗憾，语文仅差一分就优秀了，说明我的语文基础，如：古诗默写、句子运用等方面，阅读理解方面还有不足，应用部分时间熟背，理解掌握阅读理解的解题方法。

　　学习其实并不是件枯燥的事，只要用心学，付出时间与努力，能从中获得别样的乐趣。

图3-5-24　交流经验（一）

② 于潇同学谈英语学习节选（见图3-5-25）。

于潇同学谈英语学习

英语，重要的是理解和背。语法是要理解的，一个新语法，要想为什么，还要和以前学的语法相结合，比如过去完成时就是建立在现在完成时上的，并且要温故知新，举一反三。这样语法学起来就简单啦！还有各种单词的变形，规则变形都要学会规律，这样才行，以后碰见什么都会变了！还有重要的就是背了，背是很重要的，背是理解的基础，没有基础理解是没有用的。背的方法也很重要，不能三分钟记忆，一会就忘了，而是日复一日地复习，每日积累才行。

图3-5-25 交流经验（二）

③ 梁园同学的学习方法节选（见图3-5-26）。

梁园同学的学习方法

语文：想要学好语文，复习是很重要的，例如：每天复习一天所学的知识；一个周复习一次本周学过的内容；学完一个单元后，将整个单元的主要内容看一遍，重点要看那些自己在学习中发现的问题，这就要求我们在平日里多对自己进行小检测。对于作文，唯一的方法就是多读书，多观察生活，积累题材与词汇。

数学：这次数学我考的并不是很理想，我认为我此次失败的原因主要有：1、做到第一面的最后一道题时，我有些慌张，并没能潜下心去将题研究出来，导致将本能做对的题做错。

英语：学好英语，重要的是整理笔记，以及多听录音，这对我们的听力考试很有帮助。整理笔记能够让自己在整理笔记的同时对自己学过的知识进行分类，从而使我们更好地记住这些知识。

历史：对于一些同学来说，历史是枯燥乏味的，我则不然。对我来说，当我在学习历史时，我会在脑海中想象那时的环境与人物，这是一件十分有意思的事情，大家不妨也试试。

地理：很多同学都在抱怨地理很难，我认为学好地理还是要靠想象。其次是要听讲认真，我多次发现同学们在地理课上的表现并不活跃，这说明我们的注意力不够集中，听讲不好，自然也就无法学到老师传授的知识。

生物：生物的重点也在于复习，一些难懂的公式，比如光和作用的公式：

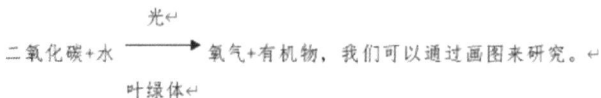

$$二氧化碳 + 水 \xrightarrow[叶绿体]{光} 氧气 + 有机物$$，我们可以通过画图来研究。

图3-5-26 交流经验（三）

（2）优秀课堂笔记展示篇节选（见图3-5-27）。

科目：语文　　内容：风筝　　笔记记录人：**鲁梓涵**

1、鲁迅：

原名：周树人　曾用名：周章寿、周豫才　　笔名：鲁迅　　祖籍：浙江绍兴

出生——死亡：1881.9.25——1936.10.19　　重要事件：新文化运动

作品集：小说：《呐喊》《彷徨》散文集：《朝花夕拾》散文诗集：《狂人日记》杂文集16部

2、作者看到"远处有一二风筝浮动"，就感到"惊异和悲哀"，这是为什么？

答：惊异的原意是：惊奇、诧异。之所以诧异，是因为故乡的风筝时节是春二月，春光明媚，北京冬季未过，就放风筝，所以"惊异"；悲哀的原意是：悲伤难过。之所以悲哀，是因为望着风筝，我不禁想起了儿时在北京对弟弟"精神上的虐杀"又从未补过，所以"悲哀"。

3、环境描写的作用：交代时间，渲染氛围，表现心情，推动发展。

4、第一段运用环境描写的作用是：交代了故事发生在冬季，渲染了"我"当时的惊异和悲哀，推动了故事情节的发展，为下文"我"对弟弟"精神上的虐杀"做了铺垫。

5、第四段段意："我"因嫌弃弟弟玩风筝，粗暴地弄坏了弟弟苦心孤诣做出来的风筝。

6、"他向着大方凳，坐在小凳上；便很惊惶地站了起来，失了色瑟缩着"运用了神态描写和动作描写。

7、"伸手"、"抓断"、"掷"、"踏遍"、"走出"，这些动词生动地写了"我"抓断了弟弟苦心孤诣做出来的风筝的过程。

8、第五段——第十一段的段意：中年，"我"偶然明白游戏是儿童最正当的行为，想要补过，可弟弟已经全然忘却。

9、"我不幸偶而看了一本外国的讲论儿童的书，才知道游戏是儿童最正当的行为，玩具是儿童的天使。于是二十年来毫不忆及的幼小时候对于精神的虐杀这一幕"是我改变弟弟玩风筝的态度的原因。

10、"现在，故乡的春天又在这异地的空中了，既给我久经逝去的儿时的回忆，而一并也带着无可把握的悲哀"与开头相呼应。

11、"我倒不如躲到肃杀的严冬中去吧，——但是，四面又明明是严冬，正给我非常的寒微和冷气"。之所以躲到严冬里，是因为"我"不想望见风筝，这才能忘却，才能摆脱悲哀。当年虐杀者与被虐杀者都被愚昧观念所支配，彼此都不以为有什么错，现在虐杀者有了觉悟而后悔痛苦，而被虐杀者已经全然忘却。觉悟者永远无法补过，这尤其悲伤的，使人不寒而栗。

12、文中所说的"对于精神上的虐杀的这一幕"，具体指什么？

答：具体指：我毫不留情地当着弟弟的面把弟弟苦心孤诣、快要完工的风筝损坏了。

13、"我还能希求什么呢？我的心只得沉重着"表达了作者一种什么样的心情？

答：后悔、内疚、自责、悲哀。

图3-5-27　交流经验（四）

（3）班级工作总结展示篇节选。

①常务班长工作总结节选（见图3-5-28）。

常务班长——平植源：我一开始想当班长，是因为我感觉班长的工作很多，我想锻炼我自己。我一开始工作相当不好，经常犯错。有一次我犯了错，把老师气得把我换了位，让我反省了好几天。不过我慢慢的上道了。一个学期下来，无论是我的大局意识、岗位责任意识还是具体工作的能力都得到了锻炼和提升。新的一年，我一定做的比2010年好。

班主任点评：人的天赋就像火花，它既可以熄灭，也可以燃烧起来，而迫使它燃成熊熊火焰的方法只有一个，就是刻苦的努力、辛勤的汗水。平日里每当看到你真诚、可爱的笑脸，感受到你那小鸟般的童心，我和同学们都会感受到快乐。身为班长的你，尊敬师长，热心帮助同学，看到同学有困难，总是挺身而出。班级的发展中有你的付出和辛劳，有你我坦诚合作的酸甜苦辣，我很欣慰你在成长和进步。但是，在主动工作方面，以及在班级的组织工作上，尤其是在如何调动班级干部积极主动工作方面，距离优秀班干部还有较大差距，这也是你今后要努力的方向。

图3-5-28　交流经验（五）

② 监察部长工作总结节选（见图3-5-29）。

少先队中队长、监察部长，第三团队团队长——林霄楠

监察部长期末总结：

这学期，我担任了一学期的监察部长，这项工作让我提高了自己许多。

刚一开始，对这个岗位是十分陌生的，不知道该履行自己的何种责任，比如有些班干部忘掉一些工作后我也"麻木不仁"。比如连连发生的卫生事件：地面上有纸花；窗台上有灰尘；板槽没有清干净之类的事情。我就没有及时督促负责干部及时清扫地面以及擦窗台，扣了分。这项工作让我对班级的各项事务变得关心、变得更加主动。还让我改掉了懒惰，脑袋时时刻刻绷着根弦。想着班级的各项事务，想着每个班干部，以及他们所要做的事情。

当然，这项工作令我受益最多的是我拉近了与同学之间的距离。在刚开学时的默默无闻，到后来担任这项职务后监察并管理同学们，拉近了我们之间的距离。而且，它让我学会发现别的人的优点：在我检查间操的时候，有些同学做得十分不好，提醒后还是一样。在记了名之后，也还是不规范。就那样一天天得记、扣，而他们队的所有人也都不乐意。回家问了爸爸，爸爸不要去打小报告，可我这工作不就是检查完了扣，扣完了反馈嘛。可后来，我发现这项工作也有它相反的一面。比如在检查他做操时，他虽然今天做得并不好，但换个角度想，他是不是比昨天做得要好一点呢？如果是这样的话，分是不是可以少扣一点呢？多一点去鼓励，他会不会就做得更好了呢？而事实就是如此。谁都希望初一、六班是一个优秀的班级，而优秀的背后，填充的应该是互相的鼓励与支持。（教师点评：动态看待每一名同学的进步，细致发现评价工作的辩证意义和作用，这就是一名优秀干部的成长！最重要的是：林霄楠部长认识到评价不是目的，是手段和管理渠道。结合创建优秀班级、和谐班级，人人获得发展的班级管理工作目的，积极主动地将柔性的管理与硬性的制度结合起来，追求工作的实效性，这就是工作能力提升的最好证明。）

而那几次卫生事件卫生部长被郭老师批得挺惨，而我知道，我也有责任。这个班级里，班干部也是常人，也会犯错误，而我们就应向四队队长独有的"宽容风"来对待，这样整个班级才会变得更加美好。（教师点评："宽容"不是没有原则的，这是建立在平时大量的细致工作基础上的，是建立在良好关系基础上的，是建立在动态看待同学进步基础上的。同时，也应该注意的，这种"宽容"是在《班级常规》允许的范围内，团队自主管理权限内的。）

这项工作让我从小学的稚嫩转为现在的走向成熟，这一学期，我有不足，而我回去更积极地改正；我有优势，我将把这些优势更加地、逐步发挥与扩大。这一学期，我反而来许多错误，下一年里，回去积极地改正的。

图3-5-29　交流经验（六）

③学习部长工作总结节选（见图3-5-30）。

学习部长——梁园

一转眼一学期就过去了，半年下来，我觉得同学们有了很大的进步：

1. 学习方面：语文老师多次表扬同学们的朗读水平比开学时提高了很多。

2. 出勤方面：开学时，总有很多同学迟到，现在几乎没有迟到的同学了。

3. 体能方面：一开始跑长跑时，五圈下来，很多同学都累得气喘吁吁。现在，同学们的体能都得到了锻炼，跑操过后，最多只是脸变红了。

但是，我们并不能因为这点进步而沾沾自喜，我们仍然有很多需要改正的地方。例如：早自习同学们总不能认真地对待，总有下位的情况；每天总有不交作业的同学，有时是检察员疏忽，但更多的时候，是故意的不交；在副科的课堂上，不是有人说话，就是气氛很沉闷，这都说明我们对副科的不重视。我们不应该对自己喜欢的课就十分认真，而不喜欢的就无所谓。政治课上我们刚刚学过，要做自己不感兴趣却有意义的事情。

让我们共同努力，不断地发现自己的优点，不断地改正自己的缺点，让未来更美好！

(教师点评:学习习惯的养成是一个长期的过程，是教育个体主观能动性、比较完善的规则规范、比较完善的管理与评价反馈机制等多因素的共同作用的过程，是良好班风、学风的基础，同时又是良好班风与学风的具体体现。学习部长、各团队学习小组长、各学科科代表任重道远，责任较之更大！)

图3-5-30　交流经验（七）

（4）优秀今日小结、明日计划，家长寄语展示篇节选（见图3-5-31，3-5-32）。

第一团队

臧昊：(今日小结)上课认真听讲十分重要，对待不喜欢的科目要更加重视。我的地理，数学成绩总是不高，那上课更要认真听讲，如果认真听讲，就不会有思考半天还不会做的题了。我总是把地理学的一团糟，一上地理课就没精神，想睡觉。但是在困难面前，不能退缩。地理学不会就是我最大的困难，攻克的办法就是上课认真听讲。就像妈妈说的："世上无难事，只怕有心人。"如果连上课认真听讲，都做不好，那还怎么对得起老师、父母的教导？还怎么对得起自己的职务？正如同政治老师说的要勇于正视自己的缺点，一点点克服，一点点前进，永不放弃，最后就会取得巨大的成功，所以要在课堂上注重听讲质量。希望自己以后不要迟到了，这样会给二队丢很多分。虽然家离得远，但这不是理由，更不是借口，别人都能做到，为什么我不能？(明日计划)不迟到，上课认真听讲，注重听讲质量。(家长寄语)如果用行动来改正这些问题，你就会取得最大的进步。

图3-5-31　今日小结（一）

冯新哲：(今日小结)老师要出去，在这未来几天里，六班里的每一个人都应该为班级争光。在老师在的时候，我们是一个集体，一个有自信有能力的集体。而在老师不在的日子里，我们应该更加努力学习，仍然做一个团结的集体。开学第一周，在老师的带领下我们成为了第一周的优秀班级。那时我们还是一批新生，而现在我们已经懂事了。我们完全可以独立。(明日计划)在下一周我们要不辜负老师的期望与付出，不辜负自己的努力，把与我们日隔很久的荣誉拿回来。做回一个最好最有能力，最团结的优秀班集体。(家长寄语)进入中学一个学期了，经历了从小学到中学的衔接，感受到了来自中学生的压力后，孩子你在成长的过程中，不断进步，有了更好的自理能力，学会了关心家人，分担家务，心理也比以前成熟了，妈妈看在眼里，喜在心头。随着你眼界的开阔，知识面的扩大，还有你自身性格的完善，同时来自外部世界给你的冲击，相信对你来说也是不小的考验。十三岁的孩子，说大不大，说小也不小，很多道理在我们大人的教导下，相信你能明白是非曲直，更应该提高本身具有的自控力，从而达到全面发展的要求。在你迈入中学生的行列后，妈妈没有松口气的感觉，反而对你的人生更是担忧，也许这种担忧是多余的，但小树在长大中，如果不加以纠正有些问题，将来就长不成参天大树。孩子，相信你也会明白家长的苦心，正所谓"可怜天下父母心"。你记住：爸爸妈妈是爱你的，你是我们的宝贝！在以后的成长中，希望你能遵守"自律，自强"的人生信条，做一个堂堂正正、对社会有用、能实现理想的男人。

图3-5-32 今日小结（二）

7. 学生成绩档案

以我2017年所带班级为例。这个班级经过师生、家校的共同努力，在中考中取得了优异的成绩。

班级分学科进行成绩记录。用不同颜色标注学生成绩的达标情况，颜色的变化就如同柱状图一样，可以看出一个时期，学生学科成绩的变化趋势。

每两周作为一个阶段，将各学科成绩取平均分，填入学生成绩周评记录表，并依据数据分析学生一段时间内各学科学习发展趋势以及各学科对总成绩的贡献程度。

8. 学生作业档案（见表3-5-9）

表3-5-9 作业档案

这里的作业特指书面作业。班级对于书面作业事前进行统筹。一是有意识地引导科任教师避免布置机械重复作业；二是针对本班学情，尤其是通过课堂观察、质量小测等发现的学生存在的问题、不足，布置有针对性的书面作业；三是班级积极开展学法介绍，引导学生"先复习，后写作业"，提升书面作业的实践意义；四是通过家委会，积极倡导有关学习方法，争取家庭的支持。在以上工作的前提下，班级建立学生作业完成档案，保障作业的完成。档案记录定期公示，数据纳入班级评价、奖励体系。同时，对于发现的问题，班主任通过找学生谈心、团队群体帮扶等措施为学生提供支持。

9. 学生复习记忆任务档案（见表3-5-10、表3-5-11、表3-5-12）

表3-5-10　任务档案（一）

4.21语文	4.21物理	4.21化学	4.21历史	4.21道法
完成	完成	完成	完成	完成
完成	完成	完成	完成	完成
完成	完成	完成	待完成	完成
完成	完成	完成	完成	待完成
请假	请假	请假	请假	请假
完成	完成	完成	完成	完成
完成	无反馈	完成	完成	完成
完成	完成	完成	完成	完成
完成	完成	完成	完成	完成
完成	完成	完成	完成	完成
完成	完成	完成	完成	完成
完成	完成	完成	完成	完成
完成	完成	完成	完成	完成
无反馈	无反馈	无反馈	无反馈	无反馈
完成	完成	完成	完成	完成
完成	完成	完成	完成	完成
无反馈	无反馈	无反馈	无反馈	无反馈
无反馈	无反馈	无反馈	无反馈	无反馈
完成	完成	完成	完成	完成
完成	完成	完成	完成	完成
完成	完成	完成	完成	完成
完成	完成	完成	完成	完成
完成	完成	完成	完成	完成
无反馈	无反馈	无反馈	无反馈	无反馈
无反馈	无反馈	无反馈	无反馈	无反馈

表3-5-11 任务档案（二）

5.28语文	物理	化学	历史	道法	5.29语文	物理	化学	历史	道法
5	请假	请假	请假	请假	5	3	3	3	-3
-5	-3	-3	-3	-3	-5	-3	0	-3	-3
5	3	-3	3	3	5	3	3	-3	-3
5	3	3	-3	-3	-5	-3	0	-3	-3
-5	-3	-3	-3	-3	5	3	3	-3	-3
5	3	-3	-3	-3	5	3	0	-3	-3
-5	-3	-3	-3	-3	-5	1	-5	-5	-5
5	3	3	3	3	1	1	0	1	1
5	3	3	3	3	1	1	0	1	1
5	3	-3	3	3	1	1	0	1	1
-5	-3	-3	-3	-3	5	3		3	请假
-5	1	-3	-3	-3	5	3	3	3	3
1	1	1	1	1	5	1	0	1	1
5	-3	-3	-3	-3	-5	-3	0	-3	-3
1	1	1	1	1	5	3	0	-3	-3
-5	-3	-3	-3	-3	-5	-3	0	-3	-3
5	3	-3	3	3	-5	3	3	-3	-3
5	3	-3	3	5	5	3	3	3	3
5	-3	-3	-3	-3	5	3	0	1	1
5	-3	-3	-3	-3	-5	3	0	-3	-3
5	-3	-3	-3	-3	请假	请假	请假	请假	请假
5	3	3	3	5	5	3	3	3	3
5	3	3	3	5	5	3	0	3	3
-5	-3	-3	-3	-3	5	3	3	3	3

注：钉钉在线提交，早晨提交纸质表格复核。

语数英： 背诵+5/学科项

物化历道： 背诵+3/学科项

补做、改做、补交1，请假未完成0，无反馈倒扣

表3-5-12 任务档案（三）

4.21语文	4.21数学	英语261卷 40	听说训练10	4.21物理	4.21化学
已提交	已提交	40	28.49	已提交	已提交
未提交	未提交	已补交	25.23	已提交	未提交
已提交	已提交	36	28.71	已提交	已提交
已提交	已提交	36	27.01	已提交	已提交
已提交	已提交	27.5	26.55	已提交	已提交
已提交	已提交	35.5	26.52	已提交	已提交
已提交	已提交	33	请假	已提交	已提交
已提交	已提交	37	25.66	已提交	已提交
已提交	已提交	40	28.82	已提交	已提交
已提交	已提交	31	25.92	已提交	已提交
已提交	已提交	31	28.68	已提交	已提交
已提交	已提交	34	26.74	未提交	未提交
已提交	已提交	21.5	22.71	已提交	已提交
已提交	已提交	31	27.75	已提交	已提交
已提交	已提交	37.5	29.37	已提交	已提交
已提交	已提交	37.5	28.81	已提交	已提交
已提交	未提交	28.5	28.34	已提交	未提交
已提交	已提交	30.5	28.08	已提交	已提交
未提交	未提交	未提交	28.7	未提交	未提交
已提交	已提交	39	28.13	已提交	已提交
已提交	已提交	35.5	28.18	已提交	已提交
已提交	已提交	37	28.59	已提交	已提交
已提交	已提交	37.5	26.91	已提交	已提交
未提交	已提交	30	27.04	未提交	已提交
已提交	已提交	35.5	28.39	已提交	已提交
已提交	已提交	35	27	已提交	已提交
已提交	已提交	36	28.42	已提交	已提交
已提交	已提交	36	27.89	已提交	已提交
已提交	已提交	37	28.57	已提交	已提交
已提交	已提交	35.5	23.36	已提交	已提交

在平时的教学工作中，我发现学生在学习方面存在一些片面的认识，尤其是对复习、记忆的学习工作不感兴趣，甚至十分抵触。分析原因，我认为主要有以下几点原因。

（1）复习、记忆更加强调知识的体系、条理，更强调内化。这个过程对于大多数学生是辛苦的。而现今的学生确实怕吃苦，也就产生不了兴趣和动力。

（2）有的人认为有效学习在于思维探究，记忆是死记硬背，是一种可怕的、低效的学习方法。实际上，学生的学习首先在于知道，也就是继承，其后才可以谈到实践、熟练和提升。正如古人所说："腹有诗书气自华。"没有知识体系的建立就直接谈实践，那是盲目的。

（3）学生的课业负担仍然比较重，他们急于书写作业。缺少了时间这一要素，复习、记忆工作自然无法开展或有效开展。

（4）学生缺少有效的复习、记忆方法，"记得慢，忘得快"，使学生产生心理挫败感。他们认为，复习记忆对成绩的取得没有实际作用，自然不想继续投入精力和时间。

（5）大多数班级管理体系中缺少对这项工作的关注和督促。班主任或是认为此项工作没有十分必要，或是认为此项工作太烦琐，害怕挤占自己的个人时间，或是认为这应该是学生自己的本职任务，最多提醒一下家长。实际上，既然这件事情与学生有关，那班级的管理体系中就不能缺失有针对性的策略和机制。班主任应设法从理念、行为等多角度加强宣传引导、制度建设、家校联合。从我所带班级开展相关工作以后所取得的成绩来看，各学科均取得显著进步，证明此项工程是值得做的。

10.学习共同体网络微型学习中心

2020年一场席卷全球的疫情把我们困在了家里。从小学到大学，从校内到校外，各地方、各学校开展了形式多样的线上教学活动。新的教学模式的大规模实施给班级管理，尤其是班级学习管理带来了机遇，更带来了挑战。就像中国教育学会朱永新教授所说的那样："这个疫情对教育是一种挑战，更是一种思考，它让我们更加关注家庭对孩子的教育，对孩子进行有效的陪伴。"我在班级中积极实施了学习共同体网络微型学习中心的建设。具体做法包括以下几点。

（1）以班级学习小组为基础，组建学习共同体。

表3-5-13　学习共同体（一）

部门	观看直播	观看回放	观看总时长
无	0:51:43	未参与	0:51:43
家长	0:02:29	未参与	0:02:29
家长	0:00:32	未参与	0:00:32
同学-学习	0:53:28	未参与	0:53:28
同学-学习	0:50:28	未参与	0:50:28
同学-学习	0:51:40	未参与	0:51:40
同学-学习	0:51:10	未参与	0:51:10
家长	0:27:15	未参与	0:27:15
同学-学习	0:52:12	未参与	0:52:12
同学-学习	0:53:31	未参与	0:53:31
家长	0:30:55	未参与	0:30:55
家长	0:00:04	未参与	0:00:04
家长	0:00:02	未参与	0:00:02
同学-学习	0:53:28	未参与	0:53:28
同学-学习	0:53:29	未参与	0:53:29
家长	0:53:21	未参与	0:53:21
同学-学习	0:53:30	未参与	0:53:30
同学-学习	0:53:32	未参与	0:53:32
同学-学习	0:52:54	未参与	0:52:54
同学-学习	0:51:59	未参与	0:51:59
同学-学习	0:53:28	未参与	0:53:28
同学-学习	0:53:28	未参与	0:53:28
同学-学习	0:53:34	未参与	0:53:34
同学-学习	0:53:23	未参与	0:53:23
同学-学习	0:50:41	未参与	0:50:41
家长	0:13:26	未参与	0:13:26
科任教师	0:02:51	未参与	0:02:51
同学-学习	0:52:21	未参与	0:52:21
同学-学习	0:53:30	未参与	0:53:30
同学-学习	0:50:32	未参与	0:50:32
同学-学习	0:53:28	未参与	0:53:28
同学-学习	0:53:33	未参与	0:53:33

表3-5-14　学习共同体（二）

2月23日问题提报	2月24日班会心理	2月24日问题提报	2月25日问题提报	第2周总结	艺术群
1	5	5	3	2	6
5	2	4	6	4	5
4	4	3	6	6	3
6	6	6	5	5	4
3	3	2	1	1	2
2	1	1	4	3	4

表3-5-15　学习共同体（三）

2月15日学习领会	2月15日人人有资料	2月16日自学完成	2月16日问题提报	2月17日自学完成	2月17日问题提报	2月17日班会	2月18日自学完成	2月18日问题提报	2月19日自学完成	2月20日自学完成	2月20日问题提报	2月21日成绩汇总	2月22日学习调查	2月22日班级总结
1	4	1	1	1	6	4	4	1	1	5	5	5		
6	6	3	6	1	1	6	2	6	6	2	4	4	4	6
4	2	2	2	3	3	3	3	2	5	6	5	6	6	1
5	3	6	5	2	4	4	3	3	5	6	1	2	3	
3	1	5	4	2	2	2	1	1	3	2	1	1	2	
2	5	4	3	4	6	5	5	5	2	4	3	3	3	4

① 每天以共同体为单位，进入网上课堂，关注出勤与成员课堂学习状况，及时唤醒落后成员（见表3-5-13）。

② 以共同体为单位，交流学习所得所想，汇总问题，网络提交并进行家校反馈（见表3-5-14、表3-5-15）。

（2）教师制作学习任务单（见表3-5-16），助学微视频，按学科提供给学生。学习任务单包含课前预习、课中学习体系及随堂训练、课后巩固与提升训练。助学微视频每个5分钟左右，针对学习难点、重点，给予学生思路点拨、学习策略和方法的指导。

表3-5-16　学习任务单

姓名		日期	
自学课件（含听力）			
要点梳理视频			
学习任务单			
教材梳理			
升学指导			
单元练习检测			
其他			
是否需要连线			

（3）建立分学科的"一生一策"制度，教师针对学生的具体需求，布置自学和练习内容，以周为时间单位，由班主任负责收齐并转交科任老师批阅并进行辅导（见图3-5-33）。

5周徐伟博组一生一策（4人）	2020/3/22 22:00	WinRAR ZIP 压缩文件	81,836 KB
9.10殷增昕(1)	2020/3/22 20:16	WinRAR ZIP 压缩文件	119,476 KB
初三10班 英语	2020/3/23 10:38	WinRAR ZIP 压缩文件	214,017 KB
初三10班徐亦竹第五周	2020/3/23 10:35	WinRAR ZIP 压缩文件	29,916 KB
初三十班王思予	2020/3/22 20:15	WinRAR ZIP 压缩文件	17,585 KB
第5周10班詹迪	2020/3/23 10:35	WinRAR ZIP 压缩文件	7,469 KB
第五周陈一宁一生一策	2020/3/22 20:04	WinRAR ZIP 压缩文件	5,133 KB
第五周王思允一生一策	2020/3/22 20:03	WinRAR ZIP 压缩文件	3,088 KB
黄嘉亮	2020/3/22 20:16	WinRAR ZIP 压缩文件	63,743 KB
贾林丰本周作业	2020/3/22 21:51	WinRAR ZIP 压缩文件	83,143 KB
吕宗一	2020/3/22 21:50	WinRAR ZIP 压缩文件	3,878 KB
宋泽楷笔记(1)(1)	2020/3/22 20:16	WinRAR ZIP 压缩文件	48,094 KB
宋子易 一生一策	2020/3/22 20:04	WinRAR ZIP 压缩文件	6,571 KB
谭博元	2020/3/23 10:34	WinRAR ZIP 压缩文件	115,710 KB
王新晴一生一策第五周	2020/3/22 20:15	WinRAR ZIP 压缩文件	22,511 KB
一生一策-李-李政言-第五周 (2人)	2020/3/22 21:59	rar	40,738 KB
一生一策张心宇 (2)(1)	2020/3/22 20:15	rar	2,859 KB
于琪菘	2020/3/22 20:15	WinRAR ZIP 压缩文件	2 KB
张博源全科错题本笔记	2020/3/22 20:15	rar	24,797 KB

图3-5-33　"一生一策"制度

（4）教师根据教学内容，制作学生学习每日疑问清单和学习共同体周总结清单（见表3-5-17、表3-5-18、表3-5-19、表3-5-20）。建立"教师制作—组长分发—组员填写—组内讨论解决—组长汇总难点—教师网络辅导"的课后辅助教学流程（钉钉直播/顶顶会议/QQ视频/腾讯会议等途径，由各科任老师自由选择。一般建议使用钉钉，一是使用比较稳定，课堂互动性较好；二是资料上传备份没有容量和时间的限制；三是答疑可以录制，方便学生回放观看；四是课堂有时长、参与人员、参与时间等信息的统计，便于管理；五是可以多群联播）。问题首先在学习共同体中集中讨论，学生互学互助；疑难提交老师，老师根据学生实际需求，安排辅助教学，不但针对性强，而且了解了学生自主学习和课堂学习的现实状况，在接下来的课堂教学中可以进行调整和关注。

表3-5-17　学习清单（一）

学习组长	楚馨婷	日期	3月9日
朗读 Reading practice			
话题表达 Speaking practice			
语法 Grammar of the Units （课件/视频）			
重点单词			
补全短语	2）中文就是"擅长于"，加上"sth"没必要吧。（楚馨婷） 19）动词可以用wash吗？（楚馨婷）		
句型 Sentence patterns	第2题可以填having吗？（王思允）		
综合填空A			
综合填空B	2）为什么不是单数？（陈一宁） 10）用leave可以吗？（楚馨婷、陈一宁）		

学习组长	楚馨婷	日期	3月9日
综合填空（运用）	8）我还是觉得不用加东西啊······我去网上找的原文也没有。（楚馨婷） High school students in America hear about twenty bells every day. The first bell is the tardy bell（上课铃）. If the students are not in their seats when the tardy bell rings, they know they are late. Another bell rings at the end of each class, and everyone leawcs class quickly and goes to the next one. When it udents are in a difficult class, they are often happy to hear the bell ring, but if the class is interestlng, they do not want the bell toring. Most students like the lunch bell best. They know that it is time to join their friends for lunch. They buy a hot meal in the school dining-room（餐厅）or they bring their lunch from home in a big paperbag. 10）这句话是什么意思，如果用to可以吗？（楚馨婷）为什么用for？（陈一宁）		
完形填空			
阅读理解			
阅读表达	第4题可以填energydrinks吗？（王思允）		
书面表达			
其他			

表3-5-18　学习清单（二）

项目	科目	提问：姓名+项目+页数+题号（建议备注提问什么？）
温故复习提问清单（1~2周，重点是第2周）学习组长把关，内部可解决的不提报）	语文	
	数学	曲可心：数学同步P112　14

续表

项目	科目	提问：姓名+项目+页数+题号（建议备注提问什么？）		
温故复习提问清单（1~2周，重点是第2周）学习组长把关，内部可解决的不提报）	英语	楚馨婷： and yes意思和用法口语：And yes表示"确实、的确"		
	物理	梁宗翰： 曲可心：入射角等于反射角还是反射角等于入射角，能对调位置吗		
	化学	曲可心：周末作业【课后作业】1（2）		
	历史			
	道法			
	科目	情况	备注	
第1~2周作业练习完成自查清单（含背诵、改错）	语文	A		
	数学	A		
	英语	A		
	物理	A		
	化学	A		
	历史	A		
	道法	A		
第三周英语《教材梳理》6~22讲	楚馨婷： 第七讲C卷第二大题11 第七讲C卷第四大题9 第八讲B卷第五大题12（跟talk about词组没有关系吗） 第十讲B卷第五大题24（为什么不是B）			

项目	科目	提问：姓名+项目+页数+题号（建议备注提问什么？）
第三周英语《升学指导》P148以内内容		陈一宁： P146：5为什么不前后句一致选C？ P138：19这句话什么意思？ P137：9为什么不写过去式？ 梁宗翰： P146第11题

表3-5-19　学习清单（三）

项目	科目	提问：姓名+项目+页数+题号（建议备注提问什么？）
温故复习提问清单（1~2周，重点是第2周）学习组长把关，内部可解决的不提报）	语文	郭隽廷：屈原阅读卷第七题（象征手法如何赏析） 李怡彤：说明方法？摹状貌和打比方区别？ 程世雄：其怡情也的怡情是使动用法吗？
	数学	郭隽廷：第三章圆《回顾与思考》三-5 同步P110-9 张文剑：同步单元检测二的最后一题没有思路
	英语	
	物理	
	化学	郭隽廷：8-2海水晒盐《粗盐提纯》达标检测：第三题最后一问 程世雄：除去镁离子需要用什么离子进行沉淀？
	历史	
	道法	

项目	科目	情况	备注
第1~2周作业练习完成自查清单（含背诵、改错）	语文	A	
	数学	B	徐伟博周五作业忘交了周六已补交 程世雄周五作业没交3月1日补
	英语	A	
	物理	B	程世雄物理2月27日作业卷后三题3月1日补完
	化学	B	程世雄2月28日化学作业和笔记和周末作业没交3月1日补
	历史	B	程世雄周五和周末作业未提交3月1日交
	道法	A	

续表

项目	科目	提问：姓名+项目+页数+题号（建议备注提问什么？）
备注		全齐全交在（情况栏）填写A（组长填写）不齐的在（情况栏）填写B（组长填写），（备注栏）填写：姓名+学科+日期+内容+补齐计划（个人填写）
第三周英语《教材梳理》6～22讲		郭隽廷：第十讲C卷选择第13题（heard of、heard from、heard out的用法区别） 李怡彤：十五讲B卷第九题（什么题的第九题）
第三周英语《升学指导》P148以内内容		李怡彤：P137第五题 徐伟博：P84第10题 P99第14题BC有啥区 P99第20题 P101第36题
建议要求		姓名+建议

表3-5-20 学习清单（四）

项目	科目	提问：姓名+项目+页数+题号（建议备注提问什么？）
温故复习 提问清单 （1～2周，重点是第2周） 学习组长把关，内部可解决的不提报）	语文	徐亦竹：屈原阅读题的选择第四题B项哪个地方运用了反复？ 贾林丰：无言之美的含义这道题，要先解释词义再解释在文中的意义还是只需解释文中意？
	数学	
	英语	
	物理	谭博元：噪音的定义有两种，一种是物体无规则振动产生的，第二种是影响人正常工作休息的声音是噪音，当别人在工作时，有人在放歌，但是音乐是物体规则振动产生的，而又打扰了别人工作，这到底是悦耳还是噪音
	化学	贾林丰：第八单元第二节，选做第四题如何去做？
	历史	
	道法	

项目	科目	情况	备注
第1～2周作业练习完成自查清单（含背诵、改错）	语文	B	谭博元语文任务单3月1日晚10：30前补交
	数学	B	谭博元数学周五作业3月1日晚已补交
	英语	A	

项目	科目		提问：姓名+项目+页数+题号（建议备注提问什么？）
第1~2周作业练习完成自查清单（含背诵、改错）	物理	B	詹迪物理2月26日的作业2月27日已补交 吕宗一物理2月18日的作业2月29日已补交 谭博元物理作业3月1日晚10：30前补交
	化学	A	
	历史	B	谭博元历史优加3月1日晚10：30前补交（没补完）
	道法	A	
备注			全齐全交在（情况栏）填写A（组长填写）不齐的在（情况栏）填写B（组长填写），（备注栏）填写：姓名+学科+日期+内容+补齐计划（个人填写）
第三周英语《教材梳理》6~22讲			徐亦竹：11讲C卷第一大题17能不能写sign（sign和notice的辨析） 詹迪：8讲C卷选择8，20；10讲B卷选择10.19，C卷选择4；16讲C卷选择11；21讲B卷选择12 吕宗一：第六讲：第三大题第七小题为什么选C项；第十二小题答句为什么不可以是may not而是mustn't;第十五小题百分数后为什么不用is;第七讲：第十八题为什么要用as good as而不用as well as;第二十二小题句意表达为都可以即both为什么不行（徐亦竹你这个组员ABC卷部分，你找得到？）
第三周英语《升学指导》P148以内内容			
建议要求			姓名+建议
			谭博元暂时降为旁听

学习共同体网络微型学习中心的优势在于团队工作共同研讨、共同负担、灵活务实。其跨越了传统家校的传统边界，将师生、生生、家校团结在一起，将个体与群体的需要有机结合在一起，增强了主动性、积极性和互动性，提升了课后辅助教学、课后讨论和随机交流的实效性，有助于在网络空间中建立真实的伙伴关系。

七、激发学生学习动力的班级学分制

来自不同家庭背景、有着各自阅历的学生，在学习过程中会遇到各种挑战。学生应对这些挑战的策略和能力，除了其自身的努力以外，还受到班级内部力量的影响和引导。班主任通过班级文化的建设与渗透，以精神文化建设为目标，融合物质文化、制度文化、行为文化的力量，尤其是评价与激励机制的正向牵引作用，取得了比较明显的效果。但学生在成长的过程中，因学习目的、学习环境、学习内容的数量和深度、师资配置水平等因素的制约，仍然面临突出的以下四个问题，阻碍着学生学习力的提升和优秀成绩的取得。

（1）学习目的不明确，学习内在动力不足。

（2）学习基础薄弱，学习积累不够。

（3）学习习惯养成不到位。

（4）思维能力不健全，学习力无法满足学习进度的需要，缺乏可持续发展能力。

而我认为以上问题的核心是学生内在学习动力不足。

爱因斯坦说过："兴趣和爱好是最好的老师。"任何乐趣都来源于内心的体验。学习的乐趣也不例外，只有当你用脑思索、用心参与之后才能真正得到它。没有心智的参与，将永远享受不到学习的乐趣，而只能体验一种被拒之门外的冷漠与苦恼。

帮助学生减少和消除学习上的心理障碍，激发和培养学生的学习兴趣，形成内在学习动力将有助于提升学生的学习获得感、成就感、荣誉感，树立起学习的信心。而在此过程中用好用活学分制，在实践中取得了较为理想的效果。

1. 激发荣誉感、获得感，提高学生内在学习动力

班级评价和激励制度，尤其是班级量化积分制的建立与实施，其主要功能是指明学生发展的方向，使学生发掘优势、认识不足，引导学生的发展。所以，从一开始班主任就应注意如何激发学生对学习的兴趣。结合中小学生心理特点，班主任可积极实施学分制的学分奖惩制度，在孩子们主动获取学分的过程中，一方面激发并呵护学生内心的学习动力，也就是荣

誉感、获得感；一方面给予其学习策略的指导，培养其良好的学习习惯，帮助他们更有效地获取学分，从而在"成功"的心理体验中，培养对学习的兴趣，并逐步升华为学习者的内在学习动力。

2.促进积极思维，培养学生认真、进取的精神

中小学年龄段的孩子还无法充分理解学习的大义，教师先实施学分积累的"利"，再教授指导学生更多、更快获得学分的方法策略，使之获"益"，最终才能在学生心中树立勤奋学习的大"义"。学生在获取学分的过程中充分体验到兴趣是可以由自己的思维产生的，关键是自己要有积极的态度。

开始学习时，所有学生体会到融入学习的快感也许并不太难。困难的是一旦遇到困难，尤其是思维满足不了问题解决的需要，积极的状态就很容易被打破。学分的设立使学生容易获得较为明确且易达到的目标，团体成员之间学分的高低，更使学生心理上拥有"学先进、赶超先进"的需要。这时学生就会以积极的思维来克服困难。这既是个人坚强毅力的表现，也是发掘学习乐趣最酣畅淋漓之时。因为此时的思维异常敏捷而主动，迎接挑战似乎成为一种需要，学生在此种心理状态下会逐渐达到乐而忘忧、乐而无苦的境界。

3.有助于切实引导学生主动克服困难，稳定学生的学习动力

学生在学习过程中会遇到各种各样的困难，只要克服这些困难，学生就能顺利地掌握知识系统和学习方法，兴趣会逐渐稳定。教师对学习重难点有效摸底的前提下，将所有可能造成学生兴趣和成绩分化的点，设置不同的学分分值。鼓励学生通过积极思维和主动的个体学习或合作学习行为"攻克"学习难点。在此过程中，教师应采取措施，帮助学生掌握这些较难掌握的知识。当学生解决了学习上的疑难，体验到克服困难获得成功的喜悦时，会稳定他们的学习内在动力。

4.有助于学习共同体的建立，形成学习的文化氛围

过去，我们总是强调个人发展的"短板论"，一个人发展水平的高低取决于你把你的短板是否补足，补到多长。而在信息化、全球化的今天，我认为"长板论"地位愈加重要，也就是你的发展取决于自身的长板是否是合作团队需要的。因此，教师在学分制的具体实施过程中，除个人学习行

为，更加鼓励建立学习共同体，实施团队合作评价。

教师根据学情，可将全班分为三个层次，即精英团队、育英团队和奋飞团队，再按异质分组原则将三个团队的成员结合到人数大致相同的几个学习共同体中。以"检测—集错—纠错—口试"这一学习活动为例。第一层（班级精英群）改错后，班级就有了"小先生"来帮助。第二层（班级育英群）和第三层（班级奋飞群）的学生。同一层次有进步奖励和口试奖励学分，不同层次则有互助奖励学分。在各学习共同体人数大致相同的条件下，降低了不同层次学生竞争的压力，缓和了横向比较带来的心理压力，压力转变为学生自己的纵向比较，促进学生的自我评价、自我感知和自我成长。

这样做的好处是显而易见的。一方面，学生们在互教互学的过程中，形成了良好的班级学风和人际关系；另一方面在互动互评中，学生们对学习过程的熟练和感悟会更深，效果比教师的讲授更好。与之配套的团队合作评价，每个人都是团队的一员，每个人的进步都关乎团队的荣誉。在团队合作、团队竞争的过程中，约束了不良习惯，激发了学习兴趣，提升了学习效率，在班级中更好地形成了学习的文化氛围。这有利于促进学生的目标意识、责任意识、规则意识、成功意识等的养成，有利于个人成长和班级整体班风学风的建立。

学生在各自的学习过程中，虽然面临众多的困难挑战，但他们的学习潜能一样巨大。班主任引导班级教师团队在平日的实际工作中，用好、用活学分机制并将学分制与不同项目的激励卡，如免作业卡等代币制形式结合使用，取得的效果非常显著。实践证明，学分制能够充分激发和培养学生的学习兴趣并升华为内在学习动力。同时，这也是教师落实夯实基础、激发情智、提升能力、培养意识、养成习惯等一系列教学目标，进而实现高质量教学效果的行之有效的策略方法。

八、开展形式多样的班级活动，推动班级行为文化的形成

班级文化是班级建设的中轴线、生命线。班级的各项活动的开展必须与班级的精神文化核心相一致，即围绕班级核心价值观开展所有相关的班级活动。

在文化层次理论中，一个群体的文化包括物质文化、制度文化、行为文化和精神文化。其中，行为文化是群体行为方式及其结果的积累和沉淀，体现了群体的价值取向，集中反映出全体的精神面貌。

班级的行为文化受到班主任、班级干部、榜样人物、班级中的非正式组织等群体、个人的行为的影响，是他们行为的延伸。

班主任是班级理念的提出者，也是这些理念的传播者。班主任的教育观、价值观、学生发展观等一系列的理念、行为直接影响着班级文化的构建、发展与成熟。同时，班主任也是班级各种制度、规范、流程的直接建构者。通过主导组建班级组织管理等系列体系；以身作则、率先垂范；以人为本，公平、公正地对待每一名学生；协调班级师生、生生的关系，协调家校联合，形成合力等行为影响班级行为文化的形成。

班级行为文化受到制度文化的约束，沿着制度文化的导向前行。而班级干部队伍是班级制度的直接执行者和维护者。干部队伍的精神状态、价值追求、能力素质，尤其是行为作风对班级行为文化的形成起到"火车头""风向标"的作用。

班级的评价、激励制度在运行的过程中，促使一批批各有长处、各有特色的榜样人物出现，他们的事迹通过班级的宣传栏、公众号等线上、线下途径得到宣传，成为班级成员学习的榜样。他们的行为将班级纸面上的公约、守则变成了全体学生可以直观可视的形象标准，他们的行为体现了班级的核心价值取向和精神面貌。班级中，榜样的力量就是班级文化的力量。这种力量带动形成了班级中向上、向善的精神追求和价值追求。

对于班级中的非正式组织对班级行为文化的影响，存在着变数。班主任要对此保持关注。

非正式组织的成员大多是因为有共同的爱好和兴趣，自发地聚集在一起，他们有说不完的共同话题；他们在群体组织中能获得更高的安全感、满足感。他们积极乐观的情绪如果不是排他性的，与班级的氛围是不冲突的，那么这种非正式组织成员的行为不会对班级活动产生阻碍，不会掣肘班级行为文化的形成。

但是，如果非正式组织的活动过于频繁，成员的价值追求逐渐游离于班级核心价值之外，甚至是完全违背的，则其活动必然会与班级活动产生矛盾和冲突，他们会自愿放弃或者反对参与班级活动，阻碍班级文化的发展。

对此，班主任首先应该重视班级中存在的非正式组织，积极引导班级中优秀社团组织的建立与发展，以优驱劣。其次，班主任可以主动吸引非正式组织的成员，尤其是核心人物参与班级管理、主持班级事务。在具体事务的合作中，给予积极影响，带动非正式组织发挥积极作用。最后，班主任要注意沟通方式的培训，发动各方力量调和班级人际关系，形成班级团结的大格局，为顺利开展班级活动、形成班级行为文化提供支撑。

班级关键人物、榜样人物的带动，制度的约束与引导，评价的激励，文化的渗透与导向，心理的支持，广泛的宣传、环境的营造，各种活动中的学习和实践等方方面面的努力，目的就是要提高学生的知识与能力水平、道德水平、心理和健康水平，养成优秀习惯，塑造班级学生优秀的群体行为，融合个体与群体的精神追求和价值追求，合力构建班级优秀的行为文化。

第六章

班级文化管理的实现

学生的班级思想、意识获得长足的提升，个体的内在意义和比较意义不断得到发展，个体的价值取向与群体价值观形成融合和默契，班级的行为成为学生的自觉，这时，我们可以说，这个班级的外在形象和内涵均具有了独特的班级文化的烙印。

学生对于班级的高度归属感，源于对班级环境的安全感、班级人际关系的亲和感、班级发展的获得感、班级成就的荣誉感，更源于对班级核心价值观的高度认同感。班级的文化形成之后，班级的精神面貌向上、向善，凝聚力强、执行力强，班级才真正意义上称得上是一个心在一起的团队。

在班级文化的影响下，班级会形成独具特色的组织架构、制度体系办事流程和带有群体文化色彩的班本课程、班报、作品集等文化产物。同时，学生的主动精神和创新精神受到鼓励和保护，他们会根据自身的兴趣、爱好，自发地组织、自觉地调整，在班级核心价值观的大框架内，逐步建立各具特色的团队文化和社团文化，推动群体的文化内涵进一步发展。这又会更加吸引班级同学，提升其归属感。

独具文化色彩的班级，其内部的凝聚力强，对于学生的官方约束力会逐渐减弱。随着班级中与发展不相匹配的落后制度逐渐被废止、被淘汰，班级中硬性的规则制度会逐步减少。取而代之的是班级中大家共同认可的、约定俗成的意识和习惯。所有人的个人行为，不会背离班级的行为准则，每个人的行为逐步在班级文化的指引下成为自觉，学生的自我管理、自我教育成为班级管理的主流。

班级物质文化、制度文化、行为文化等精神追求、精神力量历经"收集与提炼""深化与认同""融合与内化"等阶段的发展完善，直至精神文化，尤其是班级核心价值观成为班级成员普遍接受的原则。每一个活动、每一个环节无不是班主任、科任老师、全体学生、学生家长等多方团结合作、长期坚持的结果。班级文化是逐步在班级校内外实践活动中、在各种矛盾冲突的调和解决中，在个体与群体的逐步理解和合作的过程中，逐步形成的。这是一个长期且缓慢的过程，其中，还会存在着各种困难和来自各方的现实压力。对此，班主任要有清醒的认识，合理规划和处置预案。争取学校、学生家长的理解和支持并尽可能地为班级争取更多的发展资源。对于班级实际发展过程中遇到的困难，班主任主要秉持以下几个原则。

（1）教育情怀。只有坚守自己的教育情怀，才能在面对挫折和压力时，保持冷静和耐心，坚守自己的初心和本心。

（2）班主任要坚守"变"与"不变"的原则。"变"在于班级文化的建设必须立足班情、学情实际。依靠学生、信任学生，放手发挥学生在班级文化建设中的主体作用，想方设法吸引全体学生全程参与、共担责任、共享成果。同时，班主任在文化建设的不同阶段，所采用的策略和具体方法、开展的具体活动形式应该随着班情、学情的变化，与时俱进，灵活应对。"不变"在于班级文化建设的所有内容必须围绕班级核心价值观展开，不能违背班级精神文化的内核。

（3）班主任必须坚持班级文化建设的目标是推动学生的发展与进步，一切活动为学生着想，从学生的需要角度考虑问题。班级文化是在班主任引导下，以学生现实价值观为起点，通过环境打造、制度完善、榜样带动、行为引导、意识养成等方法，凝聚而成的班级优秀的群体价值观。它是班级的共性传统和习俗，基于班级全体成员，也属于班级全体成员。班主任只是其中的一分子，不能包办代替，更不能据为己有。

第四篇

『惩戒』，想说
用你不容易

第一章

"惩戒"，教育的热点和难点

"人之初，性本善"还是"人之初，性本恶"，千年的命题，千年的争论。无疑，人们观察事物的角度不同，带来的思考、认识不同，教育者实施的策略及其带来的结果也会不同。但无论学习者的"善"或是"恶"，教育者都应以善心面对，都应以发展的眼光，以无私的师爱对学习者给予关心、爱护、引导。

我们的教育需要面向全体学生，不放弃、不抛弃任何一个学生。在班级建设过程中，班主任需要从学生的实际起点出发，采用榜样带动、制度建设、文化引领等综合策略的实施，激发集体和个体进步的动力，帮助学生发扬其优势，树立其向上、向善的思想、意识和价值观。在实际的教育互动过程中，班主任坚持运用赏识与激励等积极的评价反馈机制支撑教育工作，但因应教育的复杂性、时代性，尤其是学生个性化发展也给教育带来的机遇与挑战。爱的教育只包含表扬与赞美，没有批评与惩戒，也会产生不和谐的结果。我认为，在教育的工具栏内必须包括法制框架内的惩戒，这是教育自然性的需要与体现。

不知从何时起，学校教育、家庭教育，社会教育，极多重视智力教育，崇尚快乐教育、赏识教育、成功教育，似乎通过夸赞、表扬、赞赏就能解决所有学生的所有问题而忽视了人性的另一面，即对"恶"的惩戒与强力教育手段的实施。赞扬是发现人的"善"，肯定人的"善"，更是弘扬人的"善"，学生在这个过程中可以即时获得荣誉感、尊重感，增强在群体中的存在感。这些快乐的心理体验使教育者和受教育者在心理上易于建立沟通，绝少出现教育冲突，损伤师生关系。而惩戒恰恰相反，首先，它的作用往往不在当下，而在将来，发展中的学生有时难于接受老师对自己的惩戒，不能接受惩戒带来的非愉悦的心理体验。其次，在班级管理中，老师通过观察、访谈等多种手段发现学生天性中带有的或后天受到各种因素影响形成的问题时，由于学生自身思想道德、心理素养、意识习惯、家庭风气、社会舆论等多重因素的影响，教师与学生常常在交流沟通中站在对立的两个方面，极易引起教育冲突，破坏师生关系。此外，长期以来，相关法律法规的缺失，造成一线教育工作者对于惩戒与惩罚的界定难于把握，广大教师唯恐被冠以"体罚或变相体罚学生"之名。加之，一些媒体对因体罚学生而引发的学生弃学、离家出走、自杀或杀人等恶性事件一再披露，不时地在向教师传达这样一种信息：教育不应有惩戒，惩戒似乎成了教师不敢触及的"高压线"。

广大教育者，尤其是班主任谈"惩戒"色变。其直接结果有四。

一、对学生自身成长的影响

批评惩戒手段的缺少造成学生在成长的过程中，错过了最佳纠偏的时机。"冰冻三尺非一日之寒"，学生缺少规则意识，做事不计后果，既不利己也不利人。正像北京教育学院教育管理室前主任关鸿羽曾经说过的，现在的部分学生"对人不感激，对物不爱惜，对己不克制，对事不努力"，"有不少人心中只有自己，没有他人，只接受爱，不知道爱"。

二、对学生所在群体的影响

这不得不提到"破窗理论"①。"破窗理论"说明在环境中假如有一些不良现象存在的话，不及时进行改正，最终会诱导更多的人开始效仿，甚至破坏更多的东西。在班级管理中，班主任首先要以职业的态度，密切注意学生的表现与动向，对于学生身上特别的行为差异，如迟到早退，沉迷网络等举动，要及时跟进予以纠正和修补，以组织的力量和以人为本的制度力量保持个体与群体的发展完好度。其次，为了及时制止"破窗理论"

---

① 假如有一栋别墅窗户有一些破损，不及时进行修理的话，可能会有更多的人破坏其他的窗户，甚至进入别墅中间，发现没有人在的话，甚至会直接居住在里面。假如一面墙上有一些涂鸦没有被清理掉，墙上会很快遍布这些乱七八糟的涂鸦，甚至不堪入目，这就是所谓的"破窗效应"。

带来的破坏作用，班主任应及时对学生的思想与行为进行修补，保持群体的完整度，以避免个体给群体带来不可挽回的损失。最重要的一点，班主任之所以要重视制度、组织、家校诸方面的建设，就是要挖掘班级成长的隐形力量，维护个体与群体发展的平衡，引导学生正确地看待自己，推动学生的自我完善与成长，不成为打破"班级窗户"的第一人，或者说不成为"班级破窗"之后的跟随者。

三、对学校教育工作者的影响

2008年11月17日，湖南澧县最大的初级中学——城关中学37岁的老师曾庆岩被学校已开除的一名学生用匕首刺死，而该生杀师的动机仅仅是因为曾庆岩老师两年前说了一句"冒犯"他的话。2019年3月21日，有新闻报出，陕西宝鸡2名高一学生与老师在课堂上发生争执，放学后学生刚好碰到老师，双方发生口头冲突后，2名男生疯狂暴打教师。2020年新年，西安第六十六中学内一高三男生校内杀害教师，杀害的理由很简单，只是因为另一名老师没收了该名学生的手机。

中国预防青少年犯罪研究会研究表明，在发生犯罪行为的未成年人中，14岁至16岁年龄段所占比重逐年提升，至2013年已突破50%，未成年人犯罪呈现低龄化趋势。很多学生对于使用暴力手段有恃无恐，从一定程度上助长了校园暴力事件的发生。同时，学生谩骂、攻击老师的事件接连不断。血淋淋的事实除了引发我们对于当今师生关系和老师生存状态的反思外，更清楚地告诉我们以班主任为代表的一线教育工作者从事着高危的工作。学生在课堂上玩闹，这时批评学生会不会引起其激烈对抗？学生有暴力行为，阻止学生会不会引起面向老师人身的伤害？教师在事件处理中明显的弱势地位是不争的事实。教师的权利与学校管理权、教育行政部门监督管理权之间，教师权利与学生权利之间，体系和边界不够明确。如果教师的合法权益从根本上无法得到保证，那么教育的力量就会被削弱。

教育是痛苦的吗？不是！教育必须是快乐的吗？也不是！学生的学习就是让孩子在该学习的时候完全释放天性？还不是！教育应该是一种"势"，发现并推动孩子的"善"，关注并抑制孩子的"恶"。教育应该是一种"势"，推动孩子为梦想而奋斗。这样的成长的快乐才是真正的快乐。

明冯梦龙《东周列国志》第五十七回："廷及于今，逆臣子孙，布满朝中，何以惩戒后人乎？"学校不不是隔绝于社会的独立空间，社会、学校、班级、学生、学生家庭之间，师生、生生、亲子等关系之间，形成交叉的重叠式架构。在这些架构与关系之中，时时处处上演着人间百态。无可厚非，我们以最大的耐心和恒心做到"以善扬善""以德报德"，以发展的眼光、以最大的包容与爱心看待学生的不足，力所能及地推动学生的人格、品格、价值观的向上、向善，力所能及地帮助学生夯实人生的基础，提升发展的能力。但正如孔子所言："以德报怨，何以报德？"孩子在人生发展的过程中，带着家庭的印记、父母的影响，走进学校的目的是什么呢？学校的功能只是为了扬善而不抑恶吗？注意，是"抑"而不是"罚"。显而易见，学校教育实施惩戒的目的不是惩罚和打击，更不是摧毁，而是先"抑"后"化"，是规则底线的重建与重启，是以培养学生履行义务和承担责任的手段。"勿以善小而不为，勿以恶小而为之。"不可想象，是否一个人"恶"的一面必须发展到交给社会、交给国家以强有力的暴力手段解决的程度，教育工作才是最大的善？所以，将惩戒从教育的工具箱中去除，是对教育含义的片面理解，是对正常教育工作的人为束缚。社会的进步、时代的发展，并不能消除"表扬与惩戒"的共存关系，这是教育手段的自然选择。而对于教育惩戒权的实施条件、实施时间、实施力度及后续的跟进工作，必须以完善严格的制度予以约束和指导，审慎有为。这是教育惩戒社会性的体现。

总之，在一定程度上说，惩戒权应该以规章的形式给予确认。同时，惩戒权的实施，需要以班主任为代表的广大教育工作者在进行任何教育行为时，都要以尊重学生尊严、人格、法律权利为基础。我们应该以发展的眼光看待学生的行为，看待学生在成长过程中因身体、心理、社会交往、知识储备、能力建构等过程中的不和谐而产生的矛盾和冲突。

四、对家校合作的影响

根据《治安管理处罚法》相关规定，已满14周岁不满16周岁的人，不执行行政拘留。但无论是社会、学生群体还是家长群体要求从源头预防着手以消除更加严重后果出现的呼声却日益高涨。一是因为绝大部分学生的权益现实地受到了少部分学生不良行为的侵害；二是少部分学生的不良行为在轻微阶段得不到阻断和纠正，一旦势如危卵，其自身权益也同样会受到更大的损害。

学生的教育一定是家庭、学校、社会共同承担责任的。而教育各方力量的失衡，形成了事实上老师自我保护意识的强化。这种意识既有好的一面，如教师法律意识的提升，更加注意情绪的管理、沟通技巧的把握等；但也有不好的一面，如部分教师对于学生的不良行为，不敢为、不作为，"睁一只眼闭一只眼"，说是"包容"，实际上就是变相的"纵容"。更为严重的是，有不良行为的学生的家庭，往往存在着比较严重的家庭教育问题，在亲子关系上，或是极端暴力，或是极端溺爱，或是极端淡漠，以班主任为核心的学校教育工作者在与这些家庭进行教育沟通时，付出了大量的时间和精力，同时，又承担着比较高的教育风险，而这种风险的强化事实上弱化了学校进行家校合作的意愿和动机。这无关于师德，只因为教师缺少制度保障下的安全感。

第二章

教育惩戒权实施中的难点

2021年3月1日，《中小学生教育惩戒规则（试行）》由教育部正式刊发实施。首次对教育惩戒的概念进行了定义——教育惩戒是指学校、教师基于教育目的，对违规违纪学生进行管理、训导或者以规定方式予以矫治，促使学生引以为戒、认识和纠正错误的教育行为，明确了确实有必要的可实施教育惩戒，明确了学校、教师可采取哪些教育惩戒措施，哪些不当教育行为被明确禁止，把"戒尺"还给老师的同时，如何把握好尺度、温度和限度？

《中小学生教育惩戒规则（试行）》的颁行，解决了老师教育学生，尤其是批评学生的底气问题。但因为教师管教的"温度"、实施惩戒的尺度和力度把握，在实践中对于教师的自身素养要求很高，存在现实的难度。惩戒行为如蜻蜓点水，难有效果。而每个家庭对待批评、惩戒的耐受程度不同，稍有不慎，则极有可能引起学生、学生家长的不理解，而一旦沾染上疑似"体罚"或"变相体罚"的问题，经过一系列的调查、谈话、说明，即使事情最终能够圆满解决，也会给当事教师带来巨大的名誉损失和精神压力。

可见，教育惩戒权实施中的难点主要集中在行为界定上。哪些行为属于不良行为？不良行为与严重不良行为，如何界定？不良行为与严重不良行为由谁界定？通过什么流程界定？学生监护人不理解、不配合怎么办？

师生矛盾往往与教师对学生的惩戒行为相关联。教师对学生的一些诸如违反公共纪律要求、游离于课堂之外、出现侮辱他人的言语等不当行为进行批评、要求写书面反思等，这些是理应受到法律法规保护的正当教育权力。但由于长期舆论观念形成的对惩戒权的误解，例如将惩戒与惩罚相混淆，将惩戒等同于体罚或变相体罚，形成了从学生、学生家长到社会的一种思维，就是教育的话只能"正着说，顺着说，好着说"，而这种思维造成了惩戒权的行使极易造成师生关系、家校关系的紧张。因此，针对教师对学生的惩戒必须有顶层设计，国家权力机关必须承担起自己应该有的责任，必须理清行为情节，细化惩戒边界，建立起实施教育惩戒权的规范的流程，形成制度上的约束。与此相应的，新闻媒体应该加大正面宣传力度，广大教育工作者、学生和家长也应该广泛学习《中小学生教育惩戒规则（试行）》，遵守《中小学生教育惩戒规则（试行）》，依规办事。

事实也证明，表扬与批评、奖励与惩戒是教育的自然属性，对于现实存在的运行中的难点，一线班主任理应主动承担起责任，运用自身教育智慧主动创新、理顺关系，提升制度运行的实效性，降低各种冲突的风险。

第三章

实施"惩戒"，必须避免力量的"内卷"

从建班伊始，班主任就会面临各种各样的问题。如何调节关系、教育个人，如何建设集体与团队，凝聚班级发展的力量，都是大课题。但显而易见的是，增强班级力量的基本原则之一是缓解内部矛盾，消除集体内部力量的"内卷"和自我消耗。"惩戒"做不好，打击了个人的自信心、降低了个体在群体中的存在感、尊严感，就会降低个体与群体之间的信任度。而信任度的降低则会引发人的心态的变化以及人际关系的恶化。这对于个人与群体都是伤害。那怎样做才能避免力量的内卷和内部消耗，将坏事变成好事呢？

1.教育"向善、向上"的总基调不能变

班主任应该始终坚持以"善良、善心、善行"，引导学生向好、向善，以"上进、进取、奋进"引导学生进步。我们应该无条件地坚持以发展的眼光看待学生暂时的思想意识模糊和行为偏差，以最大的胸怀唤起"光明"，驱除"黑暗"。总之，无论表扬还是批评，无论奖励还是惩戒，只是手段，不是目的。

2.实施教育惩戒，务必做到有理有据，公开透明

一方面，惩戒的实施必须以事实为依据，以规章制度为准绳。实事求是的惩戒实施，完善的证据链是关键，而这不仅取决于班级在规范事务流程、岗位责任制、档案记录等一系列规章制度的建设和完善水平，如班级日志、课堂日志、团队周记、作业档案等档案材料的收集、整理与保存，还取决于班级成员的平等意识、规则意识以及事务负责人的正义感和责任感。另一方面，实施教育惩戒应当听取当事学生的陈述和申辩，学生和家

长申请听证的，应该根据规章制度，做出明确的答复和组织。学生对于惩戒结果有意见的，应明确其在规定时间内的申诉权。尊重学生的权力与权益，不仅是为了维护程序的正义，更是将公平法治的观念根植到学生的心中。这是事实教育惩戒的根本。

3. 班主任积极主动地承担起后续跟踪的领导工作

惩戒不是结束，而是新教育历程的开始。推动当事学生思想上重视、心理上平复、态度上转变、行为上纠偏，需要以班主任为中枢，协调班级组织与成员、科任导师、专业教师、监护人、社会工作人员等全方位的教育力量共同参与，注重对当事学生个人的沟通和帮扶。发挥团体的力量，积极引导班级组织对于学生个人的再认识与再接纳。当学生积极改正自身的错误时，我们应该及时地给予表扬和鼓励，适时地给予提前解除教育惩戒或者纪律处分的奖励，并依据法律规定撤销有关档案记录。总之，我们所有给予的积极心理暗示与实际帮扶，其目的是要从根本上教育学生明白自身的价值、身负的责任，推动学生从内及外地为自己的行为负责，激发学生重新扬起青春的风帆，踏上"向善、向上"的成长轨道。

4. 明确范围，分类实施

班主任建立和完善班级规章制度，细化事务流程，梳理各类档案记录等具体实践，其目的在于贯彻以人为本、因材施教的理念，支撑起班级文化，尤其是核心价值观对于群体和个体所产生的强大、持久的影响力和教育力。表扬与批评，奖励与惩戒是教育方式的自然属性，是客观存在的教育手段，既然是手段，那就不能以其为目的，以其作为"压服"学生的途径。

班级的常规管理建立在学生自律、团队约束、干部监察的基础之上，是学生自律与他律相结合的产物。教育惩戒必然也随着学生违纪违规情节的程度不同、范围不同、影响力不同，惩戒的实施方和力度也会不同。在这一点上，班主任及其团队务必在充分学习有关规章制度的基础上，进一步明确范围，分类实施，不可以缺位、失位，也应避免越俎代庖。一般原则如下。

（1）轻微违规违纪：班级或团队内部提醒、口头批评、约谈、训诫。

（2）轻度违规违纪：

① 班级干部口头批评、约谈、训诫。

② 启动班级量化评比奖惩程序，开具《班级常规管理记录单》，成绩纳入个人"三惯"评价和团队合作评价体系。利用家校联系本，告知监护人。

（3）中度违规违纪：

① 班主任及教师团队口头批评、约谈、训诫；

② 书面反思，公开检查，班级审核；

③ 启动班级量化评比奖惩程序，强化家校联系。

（4）重度违规违纪：收集整理当事学生各类档案材料，完善证人、证言、音视频材料，依规实施教育惩戒或纪律处分。事先告知学生监护人。

5. 班级管理故事化、情景化、游戏化探索

中小学生，尤其是中低年龄段学生的心理特点，决定了教育管理、教育硬性惩戒实施的现实困难。那是不是对于这些年龄段的学生就可以放任自流了呢？无论是从学生个体发展的需要，还是班级育人的角度，答案都是否定的。要解决这一矛盾，应在班级、团队内部开展教育惩戒游戏化、娱乐化探索，将硬性惩戒转变为软性惩戒，将无情的制度转变为有情的管理是有益的尝试。

（1）班级管理游戏化，游戏即规则。班主任有意识地将学生喜闻乐见的游戏场景、动画场景、故事场景或生活场景再现于班级，将班级事务故事化、情景化、游戏化，如海底总动员场景、我是小小交通员场景等。设计故事化的目标，组织学生通过扮演真实角色，引导学生在"玩"的过程中，针对遇到的不同难度的问题和不同维度的现象，共同制定游戏规则，并将其可视化，在共同维护游戏顺利开展的过程中，依据规则，对学生的行为给予及时的奖惩，树立并培养学生的规则意识和社会意识。

故事化、情景化、游戏化的班级管理需要积极营造自主、愉悦、轻松、活泼的育人环境，以建设和谐的师生关系和生生关系为基础，以学生的"体、智、情"为核心关注因素，重视学生的自愿参与和亲身体验。其基本原则是先有实际情景和故事目标，后有学生体验，再有感悟、实践和创新，即"用中学、用中悟、学中用"。

（2）尊重学生的个性和选择权，积极实施教育奖惩内容游戏化创新。

① 创新奖惩内容。结合班级学分制体系，积极开展代币制奖惩创新，如设计使用"心愿卡""免作业卡""游戏卡"等奖励卡片；设计使用"惩罚

卡"，卡片内容由学生或团队提议，经班级合规审核，班级大会审议通过，予以实施。

"惩罚卡"上的内容轻松、活泼、易于接受，但给个人和群体都会留下较深的印象。例如，分别做出喜怒哀乐四种表情；趴在桌子上游泳；模范一种动物，直到被猜出来；原地快跑1分钟；跑调唱歌一首；模仿杰克逊跳舞；走猫步；模仿四种经典的QQ表情等，主要以动作类和语言类的内容为主。

② 尊重学生的个性和选择权。允许学生自主选择或者抽取"惩罚卡"，降低硬性惩戒对学生身心造成的压力，减轻教育惩戒给学生带来的负面评价，有利于群体和个体更快地修复关系，推动学生更新认识，纠正行为。这既可体现班级管理的人文性和民主性，又能维护班级管理的活力和凝聚力，推动班级管理的效能提升。

6. 切实加强家校联合，发挥家校共育的力量

无论是学校还是班级在制定有关教育惩戒的规章制度时，都应该充分考虑各方的意见和建议，尤其在组织机构设置和议事程序上应加强与家长委员会的沟通与合作，吸收家长参与学校、班级的教育惩戒监事会、教育惩戒执行委员会等组织机构，监督教育惩戒的实施。学校，尤其是班主任应注意通过家长信、公众号、班级通信网络等多种途径，积极在家长层面进行有关规章制度的宣讲、沟通和交流，争取家长对于实施教育惩戒的理解、支持与配合。更为重要的是引导广大家长朋友积极履行对子女的教育职责，尤其是部分后进学生的监护人配合学校对孩子的管教，把违规违纪的苗头消灭在事前。

总之，教育惩戒的社会属性要求班主任认真学习，积极思考，善于借鉴，运用教育智慧，做到"慎用、善用"。

第五篇

提高学生学习力要有方法

第一章

学业成绩的影响因素

学生天生都具有学习的能力，这种能力是一种潜能，是天生的悟性。我们可以将其视为一个学生的基础能力。这种能力在后期的家庭教育、学校教育、社会教育、生活实践中，会被激发出来、挖掘出来。而由于每一个学生成长的阅历千差万别，对待事务的体验、感悟不同，从而形成不同的认知差异和能力差异。可见，学生的学习能力会受到后天各种因素的影响，是可以通过科学的训练方法，予以激发和提升的。

现实的中小学学段，学生的学业压力除了过高的目标预期以外，主要来自学生的学习内容、要达成的能力要求与学生所拥有的自然时间的矛盾。同时，每个学生都有满足自己现实的成长需要，进一步提升自己的内在需求。所以，为解决学业与时间的矛盾，就要求学生必须提升学习效率，以获取更多的心理时间，也就是实现事半功倍的结果。从这个层面来看，提升学生的学习能力，以提升学生的学习效率，要比每天的死记硬背、挑灯夜战重要得多。也只有提升学生的学习能力，帮助学生作为学习者体验到学习的轻松与乐趣，从学习行为中获得成功与成就，才能从根本上维护住学生的学习兴趣，尤其是学生内心的学习向往与动力。

到底什么影响了学生的学业成绩？我认为，有先天因素，如智力；也有后天的自身因素，如态度、情绪、心理、自尊、习惯、知识储备；更有来自家庭、学校的教育方式的影响，如是否尊重学生的个性、针对不同的学习方式因材施教。对比这三方面，在学生先天智力、家校合作程度基本正常的条件下，学习者后天的自身因素构成了学生核心的学习力，是影响学生学业成绩的关键。班主任引领班级团队，开展班级事务，发掘班级成长的隐形力量，不能忽视对学生学习力的唤醒和提升。做人与学习，相辅

相成；文化的引领离不开学生的自身素养，学生的素养提升离不开学习力的提升。（见表5-1-1）

表5-1-1 学习能力指数测评表

姓名_____ 性别_____ 学习能力指数_____

请在以下8个项目中，如实选择一个最符合你的条目，在口中划√。

限时学习	学习从来没有时间概念 □ 0分 时间观念时有时无 □ 0.5分 经常按照规定时间学习 □ 1.5分 总是按照规定时间学习 □ 3分
计划学习	从不制订计划 □ 0分 学习计划时有时无 □ 0.5分 经常制订学习计划 □ 1.5分 制订学习计划并能全部落实计划 □ 3分
课前预习	从不预习 □ 0分 预习行为时有时无 □ 0.5分 预习时只读教材 □ 1分 预习时采取读教材、记笔记且做练习的方式 □ 3分
有效听课	听课效率低 □ 0分 不感兴趣的课听课效率低 □ 0.5分 听课基本能抓住重点 □ 1.5分 听课能抓住重点并能当堂弄懂 □ 3分
有效复习	从不复习 □ 0分 复习行为时有时无 □ 0.5分 复习时采取浏览式读教材的方式复习 □ 1分 复习时采取回想、看书加复述式复习 □ 3分
优质作业	经常完不成作业 □ 0分 能够按时作业 □ 1分 作业时能够认真完成并进行检查 □ 2分 作业时采取计时、检查并能进行小结 □ 3分
错题管理	从不改错题 □ 0分 改错题行为时有时无 □ 1分 经常改错题 □ 2分 有专用改错题本并定期复习 □ 3分

考试管理	考试不认真审题　□ 0分
	考试认真审题并检查每一道题　□ 1分
	考试后的错题。难题归类整理　□ 2分
	考后进行丢分统计分析并归类整理定期复习　□ 3分

你的学习能力指数=你的得分/（总分24分）

1. 你的学习能力指数既体现了你的学习能力的差距值，同时也是你学习能力提升的潜力程度。

测试结果分析：

0.65分以上为优，学习能力比较强。

0.5～0.64分为良，有一定的学习方法，仍须努力提升学习能力，力争在较短时间内，使自己的学习能力指数提升0.1以上。

0.49分以下，说明你当前的学习能力较弱，要更加努力，使学习能力指数上升0.2分以上。

第二章

班级活动引领学生学习力的提升

同等智力条件下，一个学生的学习成绩高低主要取决于核心学习力水平，学习动力、学习毅力等非智力因素起到关键作用。

一、尊师重教

古人云："亲其师，信其道。"班级建班伊始，既要从班级硬件文化建设、制度建设等方面，积极开展主题宣传活动，营造尊师重教的文化氛围，也要将班级的共识落实于班级公约、班级常规行为守则，良好的师生关系、家校关系以制度的形式给予固化和支持。班级师生互相尊重、互相适应、互相欣赏为教育教学活动的开展提供了人文基础。

二、学习目标

在班级的学习组织中，以班级先进文化引导形成的积极的、明确的奋斗目标并通过班级制度和组织建设，培养起共同愿景，以激发并提升学习和工作的热情与智慧，是学生学习力提升的前提，从"知（知道）"到"悟（理解并懂得）"，再到"行（实践，坚持）"，全程构建学生学习力核心。我们应该重提周恩来总理"为中华崛起而读书的精神"，班主任首先要做关心时事的爱国者、"三全"育人的践行者，积极主动地将中华民族伟大复兴的中国梦与每个人自己的梦想、理想结合起来，将国家的需要与个人的学习需要统一起来，营造群体内部勇于登攀、力争上游的班级文化氛围，引导每个团队、每个学生树立清晰的近期目标、中期目标和远景目标，帮助个人在集体生活中形成积极的学习态度、学习情绪，提升沟通能力，凝聚蓬勃向上的"我要学"的内在学习动力。任何一位学生只有在为自己的目标、为自己的人生命运而学习的时候，才不会感觉学习是一种被动的负担，而是一种乐趣，一种主动和自觉。

三、学习意志力

班级通过复合型学习团队建设，创新学习组织形式，有组织地逐步开展导师制分层教学、"小先生"互助学习组合等制度和组织的建设和完善，理顺班级作业档案、成绩档案、习惯养成评价与团队和个人学分累计系统的关系，贯彻多元成功理念，重视过程性评价与终结性评价相结合，落实正面激励，支持团队组织以提升成员学习力开展的自我创新活动，逐步形成组织与个体权益共享、义务共担的师生关系、生生关系。在学习生活中，教师与学生、学生与学生之间相互扶持，相互促进，攻坚克难。在班级文化的积极影响下，群体与个体的学习意志力逐年提升，对待学习有信心、有恒心、有竞心，能精心，能静心，有效支持了班级同学实践"我的目标我坚守，我的目标我努力"的班级誓言，为学习行为的开展、学习力的提升，提供了保证。

四、学习态度

依据班级作业档案、成绩档案、课堂日志、团组日志、值日班长日志、家校联系本每日小结与规划等常规管理项目，密切关注班级学生的学习态度。

根据哈佛大学博士爱德华·班菲德对上万人次的调查，在客观条件都相同的情况下，无论在美国还是在其他不同教育制度的国家，学习水平的差别，80%与态度有关。他认为，在学习中，行为决定结果，而行为决定于态度。也就是说，学生是否具有较高的学习力，在极大程度上决定于他的学习态度，包括自信心、积极乐观的情绪、专注、勤奋、挫折耐受力、毅力和坚持等因素。而其中，最重要的是勤奋和专注，一个经过苦读、顺利获得成功的学生，他的心中会产生一种感触和信仰：天道酬勤，他可以通过自身的努力克服遇到的困难和挫折，不再惧怕任何困难。

五、学习的信心

有的学生崇尚英雄，甚至"不怕死"，但是害怕吃苦，害怕有压力。班级通过团队合作评价，将个人与团队组织结成利益共同体，将横向比较从个人迁移到团队，一方面减轻个人参与评价的压力，一方面发挥团队的组织力量，舆论力量和评价力量。同时，引导学生通过"明晰自身起点，设立发展目标，构建自身内部比较价值体系，提升内部比较意义"，积极开展正确对比，增强学生的学习信心和勇气。一方面引导学生对自己的学习成绩进行专项的纵向对比，包括成绩、得失分原因、题型等。如英语考试，上一次的完形填空由于词性搭配掌握不好，失分较多，这一次通过集错纠错、专题积累，得分增多了，失分减少了。这种进步既肯定了学习方法的有效，也以有效的学习取得有效的进步，增强了学生学习的信心。另一方面，是对自己各学科成绩的比较，可以将自己的得分和总分比较，得出得分率，从而查找出自己的优势学科和相对弱势的学科。对于学生总成绩的提升，首先要引导学生将优势学科学到更优，学到最优，发挥自身的特长和优势，取得总成绩的进步。对于弱势学科，更要查找原因，做到有针对性地查漏补缺，及时补救。如基础知识有缺漏的，重点在记忆和正确熟练；对于思维有漏洞的，关键在于构建知识体系和模型，并通过一定数量的专题训练，建立扩展思维和创新思维。

正确的比较价值体系是积极引导学生既要找到不足，更要发现亮点，获取肯定的力量，更是在内心强化"我能行，我能赢"的信念，给自己坚持前进的

勇气和信心。班级中的每一次检测，每一次考试不仅是"试金石""磨刀石"，更应该是"助推器"。班级从试卷分析、集错纠错、口试复查的学习活动到班级成绩档案学分换算、团队评价、班级三惯量化评比等一系列的班级评价激励制度都应积极引导每一名学生把自己的亮点找出来，把进步找出来，更重要的是把学习的信心和劲头找出来。比较是为了帮助自己更优秀。这才是班级开展一切比较活动的核心目的。

六、创新思维，迁移拓展

班级积极开展"每日一讲、每日一练"集体学习活动，以学习组为单位，对文理学科的学习实施不同的学习策略建议和行动。对待文科，重视引导学生勤记、巧记，小步走，多循环，重视辩证思维、批判思维的培养；对待理科，引导学生积极开展重视一题多解、多题同解、发散思维、建构模型。通过摘抄本、积累本、集错纠错本的使用，引导学生用积极的视角对待问题，重视知识的迁移与拓展，将教材读精、读薄，创新适合自身发展的学习方法，避免死记硬背、生搬硬套的学习，提升学生分析解决学习中遇到的各种问题和矛盾的能力。

七、科学用脑

一切事务与活动的利与弊，关键在于"度"的把握，就如勤奋也不能过度。

班级应积极引导学生养成良好的生活习惯，按时睡觉起床，坚持每天60分钟的体育锻炼等。在每日计划中，指导学生将学习、休息、锻炼统筹考虑。在课后学习中，指导学生遵循一小时学习与15分钟休息交替进行，用"动静结合"的方法，积极消除疲劳感，提升学习效率。日积月累的用脑实践，引导学生养成科学用脑、节律用脑的意识和习惯，不仅为学习能

力的提升提供了保障，也有效地调节了学生的身心与情绪，有利于维护学生的内在学习驱动力。

同时，根据生理学家的研究，大脑在一天的不同时间有明显的活动规律，班级应科学地指导学生依据规律选择相应的学习内容，也有利于发挥和提升学生最佳的学习能力。（见表5-2-1）

表5-2-1　大脑活动规律

时间	大脑状态	学习内容
6：00～8：00	充分休息后，进入兴奋状态，头脑清醒，大脑记忆力强	侧重文科记忆类任务
8：00～9：00	大脑记忆力强，精力充沛，思考能力呈现严谨、周密的特点	难度大的攻坚任务，侧重理科思维培养任务
10：00～11：00	身心最佳状态。内向性格者创造力旺盛	适合安排所有学习内容
12：00～14：00	进入疲惫期，反应出现迟缓，需要摄取能量和休息	适当的体育活动
15：00～16：00	精神改善，感觉器官敏感，长期记忆效果好；外向性格者分析和创造最旺盛的时刻	记忆类任务分析类、操作性任务
17：00～18：00	一天中，体力和耐力的最高峰	复杂计算等脑力消耗型任务
19：00～20：00	疲惫，情绪容易波动	休息
20：00～22：00	大脑活跃，记忆力达到一天中的峰值	记忆类任务
22：00～24：00	睡意降临	准备休息

当然，正如美国的潜能激励大师安东尼·罗宾所说："世界上没有两个人的个人生物钟是一样的。"班级设计每日小结的其中一个目的就是指导每个学生通过每日小结记录自己的学习效率的变化规律，掌握自己的学习"黄金时间"，合理安排学习内容，以便提高学习效率。

八、时间管理，提升学习效率

没有目标、没有规划的学生，最容易浪费的是时间，所以，减少浪费，帮助学生拥有更充足的时间、更高效的学习，其中一种方法策略就是指导学生将学习任务用分钟来计算。

（1）指导学生对自己拥有的时间进行清楚的了解，记账法是个不错的方法。一个学生把自己一天的时间都记录下来，在通常情况下，经过一到两周的时间，他就可以通过自己的记录，大体了解到一天1 440分钟自己都做了些什么，哪些是高效的学习时间，哪些是休息、娱乐的时间，哪些是身体锻炼的时间，还有哪些是白白浪费掉的时间。当这个学生针对每一份时间清单，做出改变和新的规划的时候，他也就在发生积极的改变。一天之计在于晨，每天早晨起来，制订好一天的学习、生活计划，只要能积极地坚持目标可视化的工作，并向实现今日目标进发，日积月累，就会形成积极的态度和习惯，就会逐渐发现自己的有效学习时间变得越来越多，学习效率也就提高了。

（2）良好的生活、学习习惯也是增加有效学习时间、提升学习效率的重要基础。例如：整理物品的习惯，把学习用品分类归纳，可以有效减少寻找物品的时间；学习时间边界化，将喝水、进食、听音乐、如厕、接收信息、回复信息等杂事排除在学习行为进行的过程边界之外，做到专心致志，心无旁骛。限时做事，有始有终，这样做可以帮助自己以较好的状态投入学习、做事中。事实上，在做事的过程中，一旦进程被打断，就需要重新启动，重新调整注意力状态，这往往会花费成倍的时间。好多事情，就是因为反复被重启，造成始终无法高效完成。更糟糕的是，这样的拖延会不断侵蚀热情和信心，更会影响专注度。

（3）指导学生更加科学地安排做事的前后顺序。大脑在一天的不同时间有明显的活动规律，学生可依据规律选择相应的学习内容，更有效地挖掘潜能，提升效率。同时，我们在学习、生活中总会遇到自己愿意做或不愿意做的事情。对于不愿意做的事情，自身的惰性就会更明显地显现出来。遇到这种情况，该怎么安排做事的顺序呢？我们指导学生每天起床，从最不喜欢的事情做起，坚持做完第一件事再做第二件事。一天当中，越往后越是自己喜欢做的事情，越是自己擅长的事情，这就好比在你精力最旺盛的时候，爬过了上坡，登上了山顶，后面是一路坦途，速度越来越快，心情越来越愉悦，直至取得胜利的一天。这个做事的原则，被称为普瑞马法则。这是基于心理学操作性反射的原则，由心理学家提出的纠正惰性生活方式，并由这种惰性生活方式的结束而带来整个人生的良性改变的方法。

（4）指导学生在制订每日计划的时候，遵循有限的学习目标，有限的学习内容加上有限的学习时间的"三有限"原则，实现"当日事，当日毕"，坚持一段时间，适应之后，再有梯度地提升学习目标，增加学习内容。慢慢地，学习效率得到了极大的提升。

九、班级团队建设

本书第一部分第三章中详细地论述了复合型学习团队的建设、组建以及完善团队组织的方法，其主要目的就是为学生学习力的提升提供平台和渠道。

班级构建班级全员育人导师、班级学科带头人引领的、以学习共同体为单位的复合型学习团队，有助于和谐师生、生生关系的建设和发展，推动学习信息的无障碍流通。同时，高效的行政团队体系的配套建设也推动了学习信息在组织内部的多方向流通通畅。从教师到学科带头人，科代表，再到学习互助组及其成员；学习共同体内部的学习互助组及其成员之间；不同的学习共同体、学习互助组之间，多方向、多维度的流畅信息沟通，保证了班级师生之间的相互了解和相互配合，有助于学生学习效率的提升，直接或间接提升了群体组织和个人的学习能力。

班级应积极引导学生认识到自身学习力的提升，需要自己努力，更要会借力。班级的组织建设、制度建设，尤其是评价激励机制的创新，推动团队与个体之间结成利益共同体，并积极开展互帮互助的各类团体学习活动。这种个体学习与双向、多向学习相结合的学习方式，引导每一名参与的团队成员根据自己的实际需要获取帮助。同时，为实现高度契合的团队与个人共同愿望，每一名团队成员又会对他人的学习需求给予人力所能及的帮助。在互帮互助的团队学习中，每一名学生会积极发现并展露自己的长处和优势，也能发现和弥补自身的不足与短处，个体的知识积累在信息的交换中得到提升。

同时，班级中，大家坦诚不公的交流和分享所营造出来的积极的知识共享的文化氛围，也推动了知识使用的效率，间接提升了学生的学习效率。另外，在互帮互助的团队学习中，群体的力量可以扶持个体完成自己从未做到的事情，实现自我的超越，体验成功的喜悦，从而增强学生内心的学习信心和构建新目标、实现新目标的勇气。

十、构建有效的评价激励机制

班级建立健全及时、有效的评价激励机制。首先，从制度上肯定、支持和鼓励组织成员的知识分享、知识扩展等学习行为，从根本上推动成员的自我反思、感悟与提升，培养创新思维。其次，通过有效的评价激励机制，形成集体与个人之间的良性互动，有利于班级形成良好的人际关系，形成和谐的共同愿望，为提升学生的学习态度、学习信心、学习毅力等提供有力的支持。再次，通过班级及时、有效的评价激励机制，树立学习的榜样，发挥榜样的力量，推动班级学风、班风建设，营造"比、学、赶、超"的学习氛围，提升学生内在的学习需求。另外，我始终认为班级的评价激励机制，应该以发展的眼光看待组织成员的努力和实践，尤其应以鼓励性的眼光看待他们在进行不懈学习尝试时犯下的错误，提高组织对于个人行为的容错率，引导学生把错误视为挑战和机会，支持学生在不断挑战中体验到存在感、满足感和荣誉感，维护学生的学习信心、勇气和动力。

积极引导学生构建起客观评价、积极评价的意识和习惯。有人就有比较，有比较就有积极还是消极。班级应该把正反馈与负反馈控制在班级系统之内，引导学生能够客观公正地对待自己和他人，正确对待成绩的高低和升降，正确对待成功与挫折，尤其是养成"胜不骄，败不馁"的心态，掌握遇到挫折的应对策略和方法。客观公正的评价，事实上推动的是高水平的反思，指明的是自己的优势和不足，增强的是自身的自信与潜力，从而推动对自身的内在认同和价值追求。

第三章

养成学习习惯、掌握学习方法，提高学习能力

方法得当，事半功倍。有些学生很用功，每天早晨闻鸡起舞，深夜挑灯苦读，但成绩却不尽如人意，关键在于学习方法不当。更可怕的是，自身没有认识到方法的错误，越努力就会朝着错误的方向走得越远。一个优秀的学生应该从预习到复习，从课堂到课后，从作业到检测，从纠错到积累，通过有意识、有计划的训练、反思、感悟、再实践，规范学习行为、养成学习习惯，掌握学习方法。

一、有效预习

1. 预习的意义

"凡事预则立，不预则废。"在学习上，体现了预习的重要作用。

（1）不同的预习水平决定了学生不同的课堂起点以及对于新知识的接受水平。同一班级的学生听同样的内容，理解和掌握程度就会出现差别。而不同的班级则还会造成学习内容的增减，整体学习效率的升降。

（2）提升自身预习水平，提前预习教材，自主查找资料，研究新知识的要点、重点，事先发现难点，上课听讲做到有的放矢，从而可以在课堂内重点解决，掌握听课的主动权，使听课具有针对性，提升课堂教学效率，节省课堂时间。这有助于推动师生双方有时间、有精力进行知识体系的建设和能力的训练与提升。同时，学生提高了知识的当堂掌握度，也会节省大量的课后时间。原因有四：首先是因为可以有效缓解由于似懂非懂而造成的做作业缓慢问题；其次是可以有效降低学生作业的错误率，节省改错时间；再次是可以节省不断翻看书籍、上网搜索、联络同学寻求帮助

等的时间；最后是可以节省由于课堂听不懂而参加课后机构辅导的时间。此外，有效预习可以帮助学生节省大量的课内与课外时间，这与他们在预习上付出的时间比起来，是值得的。尤其重要的是，有效预习有助于缓解学生课堂学习的紧张感，提升学生上课的质量，帮助学生抓住学习的中心环节——课堂，开创学生主动学习、高效学习的良好局面。

（3）自学能力就是独立命题、独立探究、独立获取知识、独立更新知识的能力。提前预习，是培养自主学习的精神和自学能力的重要途径。比如：在语文课上，有的同学阅读的速度快，对阅读的内容分析概括的既准确又全面；有些同学不仅阅读速度慢而且回答问题时抓不住要领。前者是有自学能力的同学，他们学习速度快、掌握知识所用的时间短、学习质量高；后者则是自学能力相对薄弱的同学，结果相反。"师傅领进门，修行在个人。"在同学们的学习过程中，既包括以老师指导传授、师生互动研修为主的学习中心环节——课堂，也包括课前预习、课后复习、作业、阶段复习等以自学为主的基础环节，而自学能力直接影响着这些基础学习环节的质量。

2. 预习的原则、方法和目标

（1）预习的原则。

① 精而少。刚养成预习习惯的过程中，应该在整体学习计划的指导下，优先选择薄弱学科进行预习，而对于强势学科可以暂时不预习，以便减少预习科目，集中可用时间。

② 精而短。预习时间不要拖拉过长，以保证精力集中，解决重点，发现难点为宜。这对于改变学习的被动局面十分有利。

（2）有效预习的目标。

① 大预习（学期新教材预习和阶段章节预习）。

初步理解教材的基本内容和思路；复习、巩固和教材有关的旧概念、旧知识，并把新、旧知识联系起来。

② 课前预习。

研究新知识的要点、重点，做预习笔记，在预习笔记上留出空白，便于听课时及时补充；尝试做练习题，以便检验发现哪些概念知识没理解掌握，发现难点、疑点。

3. 有效预习的方法推荐

（1）通读教材，边看边思考，找重点、难点、疑点，适当做批注。

（2）做预习笔记。对不懂的问题进行分析，如果是由于旧知识被遗忘了或存在知识缺陷造成的要及时补救。对于经过努力还不懂的问题，记下来并让老师知道，在预习笔记上留白备用，等上课时听老师讲解。

（3）善用工具书、参考书，查找有关的学习资料，扫除学习障碍。完成后再看再想，理顺学习思路。但注意引导学生慎用网络。尤其是对于弱势学科的预习，因为对于这些学科的学习兴趣还没有达到有效的水平，学生极易被转移注意力，造成无效预习或假预习。

（4）回想一遍。读完教材后合上书，围绕预习任务思考一下，教材讲了哪些内容？主要的思路是什么？哪些是新知识？与新知识有关的旧知识是什么？还有哪些问题不理解？

（5）尝试做练习题，检查一下预习效果，以便检验发现哪些概念知识没理解掌握，发现难点、疑点。

二、有效听课

中小学时代，课堂是教师进行教育教学活动的主阵地，是教师教育智慧的集中体现。对于在校的学生来说，老师传授是知识的头等来源，课堂上听讲、提问、讨论、参与课堂活动是学生一天学习的主要内容，也是形成学生基本学习觉悟，发展基本学习能力，形成良好的基本心理素质的主渠道。课堂自然成为学生进行学习活动的中心环节。有效的课堂听讲，可以为学生节省大量的时间，提升学习效率、学习能力、学习成绩。因此，能否做到有效听课是十分重要的。

存在的问题是，课堂学习是一种集体学习的形式。老师讲课时，一个人要面对几十个情况不同的学生，不可能针对学生的不同情况进行个别的教学，只能按照多数人的水平讲课，所以，在课堂上总会出现"吃不饱"和"吃不了"的两个极端。由于这个特点，要求每个学生必须在上课之前充分做好心理、物质、知识、身体等各项准备工作，以提高课堂学习的主动性。课堂上听不懂，不仅意味着学习时间的浪费，也预示着学习危机的到来。

提高课堂学习效率，实现有效听课要求班主任及科任老师积极引导学生养成有效听讲的习惯。

1. 课前准备

学习成绩优秀的学生在课堂上全神贯注、精神饱满；眼看、耳听、嘴说、手写、心记，多器官积极参与课堂活动，完成质量高；学思结合，有效笔记，突出重点、难点、疑点的解决，重视知识体系的构建。这些学生的学习目标明确，学习态度积极，学习信心足，学习动力高，能够长期坚持高效的学习，尤其是作息时间规律，不开夜车。总之，在课堂学习之前，他们在心理、知识、物质和身体上均做好了充分的准备，在课堂学习时才有可能实现学习的高效率。

2. 课堂学习

专心听讲才能实现高效听讲，提高课堂学习效率。班主任积极发挥班级文化的积极作用，营造舆论氛围，并通过团队建设、制度建设、家校合作，引导班级成员树立课堂学习是关键的意识，把学习成绩的提升希望寄托于课堂，把学习需要作为学习的原动力，而不是把对任课教师的好恶或是单纯的学科学习兴趣作为是否上好课的借口，以推动树立积极主动的学习态度。也只有从满足自身学习需要的角度出发，才能推动学生尽快进入课堂学习状态并成为课堂学习真正的主人。

为实现高效学习，我们还应该在细节上给予学生指导和建议。

（1）学生课前不要过于兴奋。过于兴奋利大于弊，一是造成学生的注意力长时间无法回归课堂，聚焦课堂主题。二是造成学生无法静心思维，影响思维深度。三是学生兴奋之后极易产生疲劳，困倦，精力不济。

（2）学生应积极构建知识体系，重视新旧知识的勾连与贯通，全面考虑问题，不陷入钻"牛角尖"的陷阱，使自己脱离班级的课堂教学进程或打断课堂进程。如在课堂上想不通、讲不明，应先将疑问记下。课后再进行整理，再看书再思考，或通过自学探究或通过合作探究予以解决。

（3）上课听讲时要特别注意开头和结尾。因为开头往往起着承上启下的作用，概括上节课的内容，引出本节课的新课题；而结尾，又是一节课的高度概括或总结。但是一般学生往往容易忽略这"两头"。

（4）改正不良习惯，保证听课效果。常见的不良习惯如下。

① 课前不预习，无目的听课。

② 只顾听讲，顾不上思考、记笔记；只顾思考，顾不上做笔记和听讲；只顾记笔记，顾不上听讲和思考。

③ 思考与老师讲解不一致，遇有疑问，不提出、不标注、不记录，放任不管。

④ 不注意老师反复强调的重点、要点及细节。

⑤ 听不出老师讲解的思路，弦外之音及意图；抓不住老师讲解的方法、方式和技巧，稀里糊涂，不懂装懂。

⑥ 思想开小差；看课外书；吃零食；做小动作；说题外话，干扰其他同学。

⑦ 不思考；不做笔记，不发言，不提问，不参与课堂活动。

⑧ 害怕被提问，将老师的提问视为痛苦、难堪、麻烦的事。

⑨ 不记作业。将课堂学习视为学习的结束。

三、勇于提问，善于提问，勤于思维碰撞，观点交流

Knowledge comes from questioning，知识来自质疑。可见，学问、学问，没有质疑就没有学问。质疑体现了学生的积极思维、主动思维、创新思维，这既是一种有力量的学习态度，更是一种行之有效的学习途径。班主任积极引导班级师生统一思想，鼓励任课老师转变"一言堂"的教法，尊重学生的个性，鼓励学生带着经过思考的独立观点提问，带着学习的疑点提问，鼓励学生将质疑、探究的学法从课上延伸到课下，从学校延伸到家庭，从问老师延伸到问同学，从问老师长辈延伸到主动问所有可以提供帮助的人，学问绝不可以不懂装懂。

质疑不是钻"牛角尖"，更不是东拉西扯、离题万里、不着边际。勇于提问，更要善于提问，学生借力必先自身努力。高效自学、独立思考永远是学生质疑提问的前提。为达成理想的学习效果，时时处处无不要求班级从学法指导上积极引导学生有疑问先自查，鼓励学生边看、边听、边思考、边记录，归纳整理方能做到心中有数，有效提问，达成一个"善"字。

《学记》中有一句"独学而无友，则孤陋而寡闻"。师生之间、生生之间勤于观点交流、思维碰撞，方能博闻广记、教学相长。班级中每一名成员，无论是老师还是学生，无论是父母还是学生，都必须努力吸取别人的

优点，弥补自己的不足。知识也只有在不断的交流互动中，在智慧的思维碰撞后，才能去伪存真，凝聚精华。一个团队、一个班级也只有在同学的斟酌探究中，才能凝聚人心、梳理关系，形成共同愿景，并作用于提升学生的学习力提升。

四、有效复习

1. 根据科学规律，合理安排复习频率

著名的心理学家艾宾浩斯通过实验发现了人的记忆与遗忘规律，设计出著名的艾宾浩斯遗忘曲线。实验证明：学习过了20分钟后，能保持58.2%的记忆；1天后只能保持33.7%；一个月后就只剩下21.1%。

此外，科学家通过研究发现，有几个时间段有利于记忆的巩固。

（1）学习后最初几分钟内，电生理活动引起蛋白质的合成。

（2）学习后48小时内。

（3）一周之后，脑突触发生永久性变化。

可见，根据人在学习过程中的生理变化，尤其是记忆与遗忘规律，如果学生能够在学习内容即将忘记时进行复习，那么复习的效果最好，效率也最高。

2. 制订复习计划，合理安排复习时间与频率

复习就是消化知识，加深理解和记忆，达到归纳整理、形成体系、举一反三的目的。为养成有效复习的习惯，达到高效复习的效果，班主任和科任老师应该积极指导学习团队和成员制订复习计划，保证复习时间与频率并严格执行复习计划。其基本原则是"心态积极，静动结合，保证精力；回想为主，对比所学，查找偏差；及时复习，保证数量，重在频率，2周强化"。所谓保证数量，是指一天内的复习次数需要达到三次或四次，即课后、午间、晚间、睡前共四次，或课后、晚间、睡前，共三次。所谓2周强化是指2周后再复习，推动长时记忆的形成。

五、整理笔记

学生在预习时，要有预习笔记，笔记上要留有疑问的留痕；课堂学习时，通过与老师间的学习互动，梳理重点，解决难点、疑点，在笔记上要

留痕。课后复习，笔记既是复习的抓手，也是思考、感悟的平台，所以，笔记上要有批注的痕迹。可见，笔记不是学习的草稿纸，而是在不断被"加工"，被"完善"，最终成为宝贵的个人资料。

时间、标题、课堂原生笔记与课堂随笔（记录体会、感悟，强调重点、难点、疑点、错点的解答思路与疑问），构成课时笔记的主页。预习学习时发现的与新课相关的旧知识的摘抄、有针对性的辅助资料的摘抄、预习时产生的疑问，批注留白（记录课后复习时发现的补充内容）等构成课时笔记的副页。

笔记是宝贵的个人学习资料，主要为学生本人服务。内容的详尽、深度与广度应由学生自身的发展水平决定，但班主任及科任老师应通过制度予以规范，并通过优秀笔记的定期评选与展示对全班同学产生带动作用。同时，整理笔记不可以占用太多的时间。2020年疫情期间，几乎所有的学校都通过网络进行教学时，就有部分学生上课用手机把老师的课件拍下来，课后再用大量的时间补写笔记。一方面造成学生课堂学习注意力不集中，时间被大量浪费；另一方面造成大量复习时间被补写笔记所占用。这种笔记整理就失去了对学习的促进作用，反而成为一种负担。

还有一点细节需要注意，那就是书写。有些学生的笔记内容跳跃，不完整，书写更是乱而潦草，不可辨认。虽说笔记是供自己使用的资料，但乱到自己都不愿意使用，一看到自己的笔记就烦，那么每天所谓的记笔记实际上就是无效劳动，自然失去了笔记的作用。

六、有效作业

一般情况下，班主任既是所在班级的专科课任老师，又是这个班级全面事务的领头人，既要对所教授的学科负有教学任务，安排作业、创新作业自然是自身的责任。同时，对于班级的所有课后作业负有汇总、协调的责任，以规范作业的数量、质量、完成时间与形式，从班级管理层面减轻课业负担，推动有效作业的实施。但令人尴尬的是，实际情况是一方面班主任应该承担这份责任，但另一方面却没有被赋予这部分权限，或者说没有可供使用的操作流程，来规范、引导课任老师的作业布置。

学生过重的课业负担，亟待解决。

1. 从教师层面来看，作业布置存在问题

（1）部分老师布置作业的水平和意识比较落后，跟不上时代发展的步伐。他们的作业内容主要以抄写类的机械重复作业为主，对于学习内容的归纳整理、知识的记忆与强化、学习重难点的解决、错点的改正等不做系统性设计，所布置的作业对于学生思维的引导、学习能力的提升，产生的积极影响比较小。

（2）部分老师布置作业，缺少统筹规划，随意性强。这类作业的布置或是出于应付学校的有关检查或是纯粹出于一种思维习惯，他们认为一天当中，不布置些所谓作业，自己这天的教学就不算完整。

（3）部分老师只考虑自己，不考虑其他学科，尤其不考虑学情，不把学生作为教学服务主体看待，作业量随意，大搞题海战术。

（4）部分老师缺乏自信，也不相信学生课后可以有时间或者自觉地整理笔记，复习自己任教的学科。他们布置作业，纯粹是为了证明当天这一学科的存在，通过大量布置作业，强制学生面对自己所任教的学科。

（5）通过对班级作业提交时间的调查来看。当天布置，次日上交、检查的作业所占比重极大。从作业量、时间量、学习效率这三个维度来看，学生的作业量与可使用时间之间的矛盾突出。国家层面所强调的控制作业量、控制作业时间，由于缺少总量控制制度与技术手段，除去舆论引导以外，在实践中收效不大。

（6）部分教师布置的作业，批阅不及时或者批阅质量不佳。比如：某个学校的历史老师，在同学错交上来的物理作业上，批阅了一个A，点评"优秀"，闹了不少的笑话。关键现在的学生"鬼精灵"一般，哪能不懂老师所谓的批作业到底是怎么回事？

2. 从学生层面来看，作业完成存在问题

（1）对作业的认识不足。把作业视为老师交给自己的任务甚至是负担，完成作业的目的是应付父母、老师的检查。

（2）不整理笔记，不做复习，着急"写"作业。不断翻书、抄书的学生是把知识从教材书本照搬到作业本上，谈不上理解和掌握。甚至连书也不翻的，懒得思考，那就只能靠查找网络上的"作业帮""小猿搜题""百度搜题"，靠抄同学作业，或者干脆胡写一通，应付了事，学习效果自然无从谈起。

（3）没有学习的毅力和勇气，一遇到问题就打退堂鼓，美其名曰"不会，等老师讲。"

（4）不重视作业质量。一是思维单一，不求甚解；二是不审题，不细心，毛躁多动，没有耐心，作业多有遗漏，错误百出；三是完成作业不规范，书写潦草；四是完成作业后不检查。

（5）作业拖沓。今日问题拖到明天，明天问题拖到后天，问题越积越多，困难越积越多，陷入被动的局面。这部分学生或因为兴趣在他处，学习毅力薄弱、学习动力不足或因为学习能力不足，往往难以自拔。

（6）不重视作业改错和积累。

① 拿到批阅后的作业，随手一放，不管不问。

② 记下正确答案了事，不分析、不思考为什么错，为什么对。

找不准问题出现的原因，就端正不了学习态度，改进不了学习方法、认知和思维方式，也就吸取不了教训。

③ 不归类、不整理，形不成知识树和分类模型。

3.有效作业，重在养成习惯

提升对作业的认识。意识决定行为，行为形成习惯，习惯则成自然。所以，是否能够完成有效作业，归根到底是个习惯问题。从一开始的需要监督逐渐发展到耐心、细致地完成作业、反思作业。推倒旧思维、建立新习惯的过程是"苦"的，但良好的学习习惯的回报是进步和成功，原因在于养成良好学习习惯本身就是学习者长期的付出努力的结果，是学习者长期自我比较、自主提升的结果。

（1）分类记作业，记录要详细。从制度流程上改变学生认为作业就是书面作业的意识。记忆任务、强化任务以及集错纠错任务与书面作业一起构成作业的主体，甚至在占比上应该更重些。（见表5-3-1）

表5-3-1　分类记作业

	记忆任务	强化任务	集错纠错	书面
语文				
数学				
英语				

	记忆任务	强化任务	集错纠错	书面
物理				
历史				
道法				
体育				
地理				
生物				
其他				

（2）学习任务完成，规划时间，记录时间，记录效果。

学习习惯的养成，需要监督，更需要自我要求。班级应有意识地提供必要的技术手段，如学习任务清单，引导学生在具体的活动中，从每天的自我规划、自我评价、自我反思入手，从意识培养入手。同时，学习任务单在家校范围的交流，在团队会上的交流，在班级评价激励机制中的专项设置中，均长期坚持。形成班级的文化氛围，增强学生优良作业习惯养成的内外动力，推动习惯养成。（见表5-3-2）

表5-3-2　学习任务清单（基础）

时间（完成时间A：计划时间B）效果（精准√；完成△；未完成×）

	记忆任务	强化任务	集错纠错
语文			
数学			
英语			
物理			
历史			
道法			
地理			
生物			

日日清、周周清、月月清，你会发现，你的学习效果和效率得到了极大的提升。

（3）先复习后作业，方法得当，提升效果。

记忆的效果来自及时复习。复习不要一开始就翻看笔记、翻看教材，更重要的是回忆。借助笔记的要点，主动回想一下老师当天所讲的内容，有什么概念、公式；老师在课上的推导过程什么；要点、难点、疑点、错点有哪些；新旧知识的联系是什么；运用知识的思维、方法有哪些。想不起来的，在去查看教材和笔记。知识体系基本建立起来后，再去限时完成作业，并记录作业效果。长期坚持，效果才能越来越好。

（4）诚信作业。

做事先做人。作业是做功课，是自我修炼。唯有独立完成，方能有效果。没有过程的坚持与真诚，就不会有喜悦的结果。

七、随身强化本、集题本、纠错本，早用早获益

好的东西要记住，不好的东西更要吃一堑长一智。平时记不住、学不牢的知识，反复弄错有疑问的地方，使用随身强化本记下来。学会了、记住了就把它们转移到集题本、纠错本上，分门别类进行归纳整理，探究它们之间的联系、异同、思维的技巧和方法。而在随身强化本上则根据自身的学习情况增加新的内容。"三本"的使用一是增加知识的重现频度和强度，增强学生对知识的熟悉程度；二是加强学习过程的自我管理，通过归纳梳理重点、难点、疑点，归纳积累好题、错题并加以分析，增强学生对知识运用的熟练程度，降低难题的难度，提升检测考查时的正确率。

学生对集题本的使用不仅仅是把题目复写下来，更重要的是知识运用模型的建构和思维的训练与强化。在题目留白处标注关键知识点、思维策略、具体的方法技巧；一题多解、举一反三的探究过程；复习强化的频率、时间和复习方式等构成了集题本使用是否有实效性的基本因素。把相同或相似的知识点或题目归类整理，则会进一步提升集题本的使用效率。（见图5-3-1，表5-3-3）

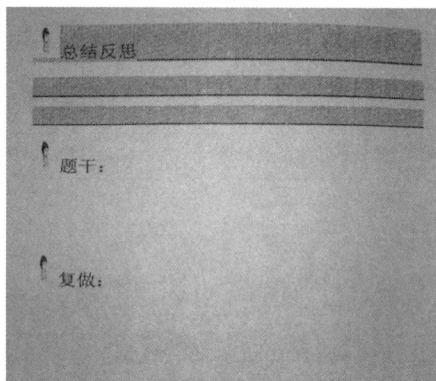

图5-3-1

表5-3-3　检测学生反思表

班级			姓名		科目	
单科分数			班名次		级名次	
总分			班名次		级名次	
答题粗心失分	题号	丢失分数及失分原因	题目不会失分	题号	丢失分数及失分原因	
	合计			合计		
对粗心失分的解决对策			本次考试中的进步与收获			
你需要老师给你的帮助						

　　纠错本使用的关键是找出错误的原因是什么，并有针对性地提出纠正错误的方法和应该注意的事项。而平时针对错误把正确答案写几遍这种缺少思维过程和学生主动思考的改错并不能获得有效的结果。只有以"错不二错"为目标的主动反思过程、分类归纳整理、定期"回头看"，才会有良好的纠错结果。（见表5-3-4）

表5-3-4　错题难题管理表（节选）

学科＿＿＿＿＿＿　　章节＿＿＿＿＿＿

错误类型：A.概念　B.原理　C.审题　D.思路　E.表达　F.运算　G.粗心　H.其他

错误类型	原题目	难点错点	改正	复习

　　用好随身强化本、集题本、纠错本是把功夫下在平时，让学生主动构建"知识树""思维模型"，就可以把教材"读薄""读精"，就可以更加有

的放矢和从容地进行复习，有效降低难点、难题的难度，降低同一错误的复错率，有助于学生提升学业成绩，增强学习信心、动力和意志力。

明确学生的学习目标，提升学生的学习动力、信心、毅力，养成学生良好的学习习惯，构成提升学生学习力进而推动学业成绩进步的三大方面要素。其中，前两个因素主要关联于班级的文化建设成果，主题活动的开展状况，尤其与向善、向上的班级价值观联系密切。而学习习惯的养成则主要通过班级制度与组织建设，尤其是通过团队公约和班级常规守则、评价激励机制等予以推动。

提升学习力需要学生的耐心、决心和恒心。在提升的过程中，由于学生自身自制力、专注度的变化，或者来自教师、同伴或家庭等外部因素的影响，可能会造成学习力的反复升降，具体表现为学生情绪波动、学习效率时高时低，甚至表现为对抗性的拖拉和敷衍。可见，学生学习力的提升，贵在坚持。为保证质量和效果，要有班级层面的过程监控，更要有学生自身的自我要求，一旦发现方向不对、力量不足、放任不管的情况，及时调整，回归正轨。

后 记

　　班级成长的隐形力量在学校教育的范畴内，主要体现在班级文化建设的全过程中，随着班级文化建设的不同阶段、不同方法策略、不同的实施途径和预期效果而产生变化。我们重视学校文化的整体性和传承性，但更加重视的是班级内部硬件与环境、制度与组织、精神与价值观的建设，通过主题活动，着力于提升成员个体的内在意义、价值追求、意识与习惯，着力于群体组织建设与个体发展的协调统一，着力于建立并持续推动各教育因素之间的良好关系，挖掘发展潜力，可以形成可支撑群体与个体持续发展的隐形力量。

　　同时，我们应该注意到，每一名学生的成长都离不开原生家庭的影响，当他们带着各自家庭的印记来到学校，组成班级，组成团队组织的时候，也必然将家庭教育和学校教育联系起来。我们提及家校合作也正是为了协调两种教育的关系，挖掘各自的优势、长处，加强沟通，完成各自的教育使命。

　　"师者，所以传道授业解惑也。"教师工作的特性决定了学校、班级所进行的大部分教育教学活动围绕"明理、增信、博文、广记"等增强学生社会交往能力、丰富学生知识技能的目标展开，是推动学生向上、向外发展的显性的活动。

　　家庭是学生人生的第一所学校，父母是学生的第一任老师，家庭教育是人才培养的奠基工程。所以，家庭教育的大部分活动是帮助学生向内、向下扎根的隐性活动。"问渠那得清如许，为有源头活水来。"家庭教育就是一切教育的源头之水。可见，班级发展的力量一定离不开高水平的家庭教育、高水平的家校合作。

　　我们除了希望看到学生优异的成绩，更希望看到学生学会做事、学会做人。我们希望，所有的学生要敢想敢做，要有向上、向善的人生态度，更要有好的生活习惯、行为习惯、学习习惯，学习成绩的提高就是水到渠成的。我希望，我和所有的家长都有这样的责任感和使命感：孩子的成长是孩子的幸福，是家庭的幸福。孩子是你的孩子，更是我们民族的孩子，我们国家的孩子。把孩子培养成才，也是为我们的国家培养栋梁。孩子思想的转变当然需要成年人的引领，习惯的养成更需要成年人的关注和细节落实。比如，制订的计划要完成，关注的是重承诺。学习任务日产日清，关注的是做事的责任感。学习的过程与结果不是孩子成长的全部，但它像一面镜子，反映出的是孩子在为人、为好人的道路上走得好不好。

每个家庭都是孩子一辈子的学校，父母是孩子一辈子的老师、一辈子的陪伴。健康的亲子关系，家庭的为人、做事原则，优良传承的家风是短短几年学校教育、班级教育的最大基础。也就是在这个意义上，我坚信班级成长的隐形力量既来自班级内部建设，也来自有效的家庭教育建构。

然而，我在与不同学历水平、不同收入水平以及来自不同家庭结构的家长的接触中，深刻感受到家长朋友心中存在的疑惑以及由不恰当的家庭教育策略和方法引起的对家庭冲突、亲子冲突的焦虑和不适。

家庭教育指导是否仅限于出现问题后的咨询与建议？是否是教师替代父母来教育孩子？教师是否是助力父母来管束孩子？

家庭学业支持与学生的成绩发展有什么关系？要做到有效的幼小衔接、初小衔接，家庭教育要做到哪些认知变化和适应？

家庭的秩序是什么？新时代，家长的权威如何定义？父母的角色和功能缺失对于孩子成长的影响有哪些？发扬家庭民主，家庭规则是否可以削弱或取消？家庭秩序的优良对于学生的学习动机的产生、学习毅力的增强以及学习学业成绩的高低又会产生怎样的影响？

可见，有关家庭教育中的研究主题多种多样、五花八门。帮助广大家长朋友获取对于家庭教育方法策略的有效指导，有助于提升家庭教育水平，是推动家庭教育成为提升班级成长隐形力量的重要一极。青岛市郭德利名班主任工作室的全体成员即将给大家带来《家校合作，我们一起同行！》一书。书中，我和我的工作室成员将围绕主题、聚焦问题，基于在这些主题上的归纳、梳理、思考、研究，提出有针对性的策略方法指导和课程指导，积极回应家长朋友们的需求。敬请期待！

郭德利

2021年春